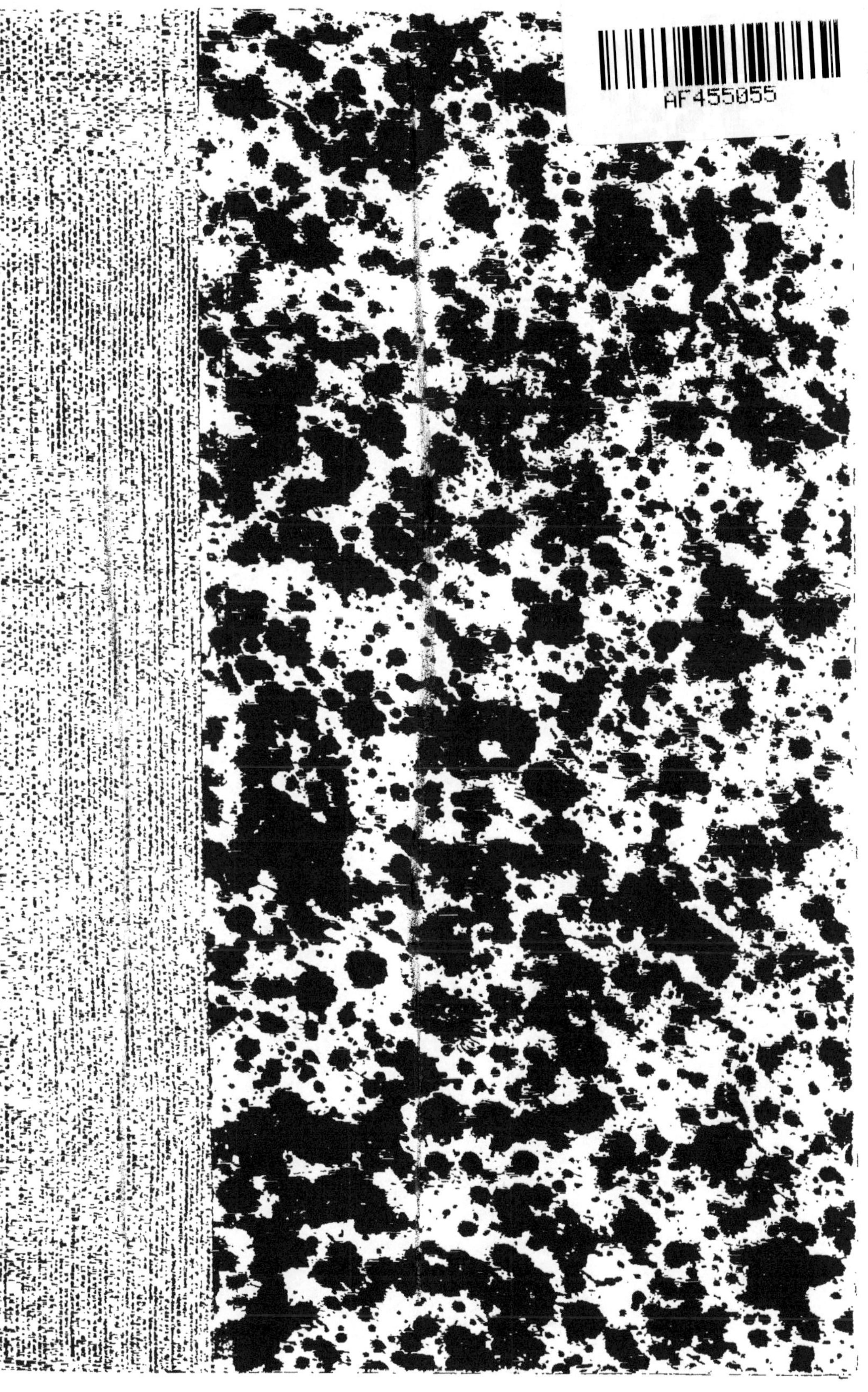

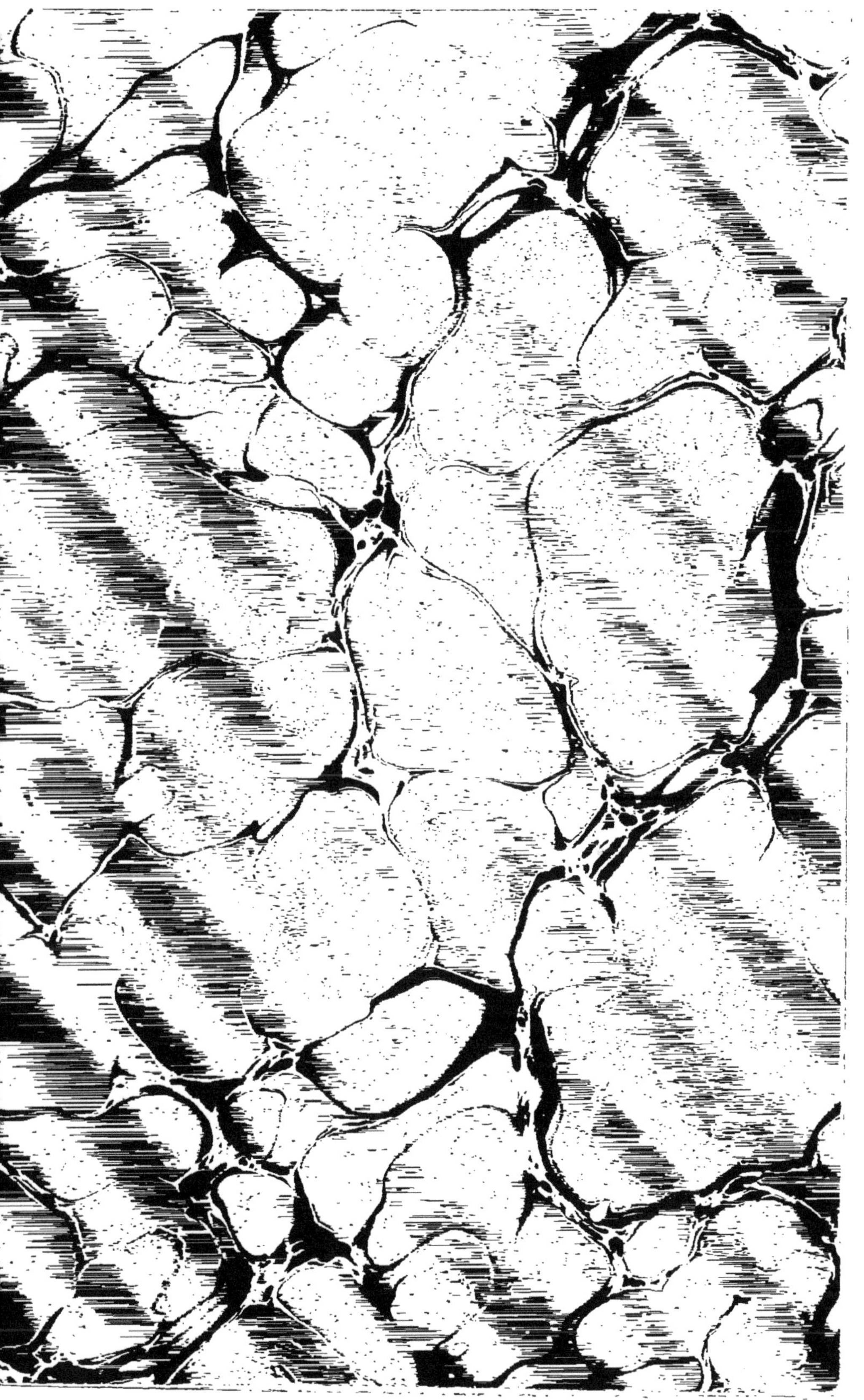

MAGDELAINE

GUERRE DE 1870-71

LES DERNIÈRES CAMPAGNES DANS L'EST

PAR

CH. BEAUQUIER

EX-SOUS-PRÉFET DE LA DÉFENSE NATIONALE A PONTARLIER
CONSEILLER GÉNÉRAL DU DOUBS.

PARIS
A. LEMERRE, LIBRAIRE-ÉDITEUR
27, PASSAGE CHOISEUL, 29.

1873

LES DERNIÈRES

CAMPAGNES DANS L'EST

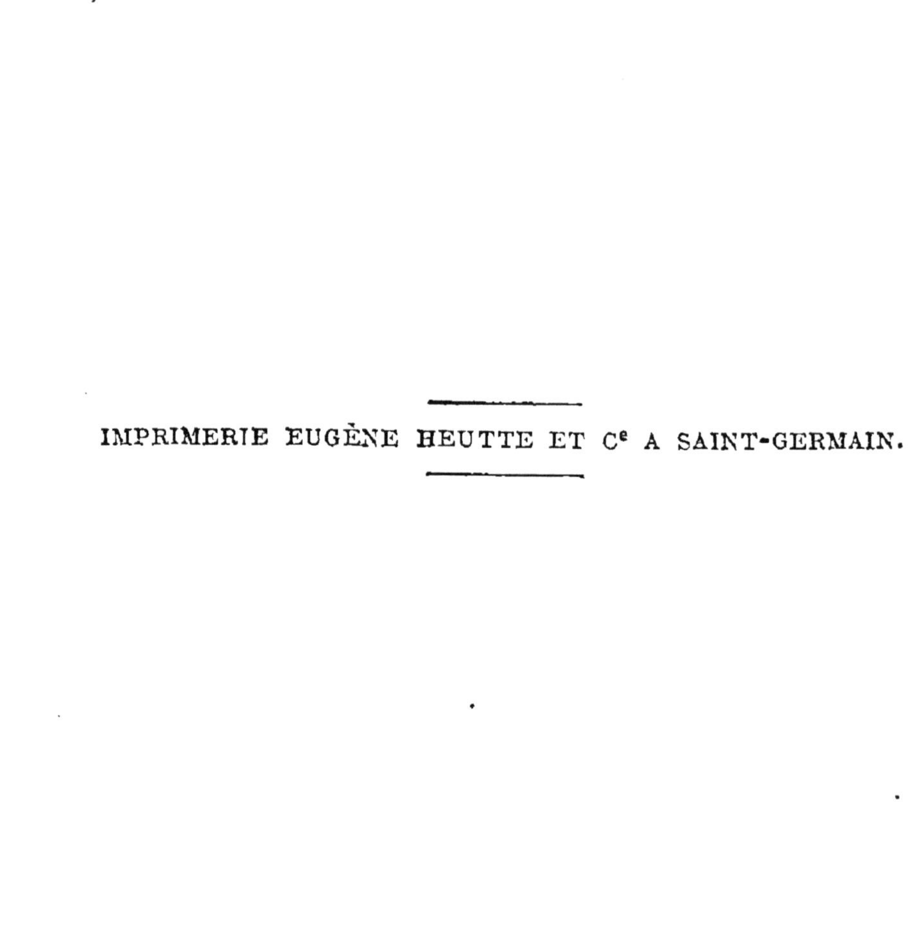

IMPRIMERIE EUGÈNE HEUTTE ET Ce A SAINT-GERMAIN.

GUERRE DE 1870-71

LES DERNIÈRES
CAMPAGNES DANS L'EST

PAR

CH. BEAUQUIER

EX-SOUS-PRÉFET DE LA DÉFENSE NATIONALE A PONTARLIER
CONSEILLER GÉNÉRAL DU DOUBS.

PARIS
A. LEMERRE, LIBRAIRE-ÉDITEUR
27, PASSAGE CHOISEUL, 29.

1873

PREMIÈRE PARTIE

CAMBRIELS

CHAPITRE PREMIER.

Situation générale en Franche-Comté après Sedan. — Impatience des populations qui demandent à être armées. — Les Comités de défense. — La ligue de l'Est. — Conflit entre le préfet et le commissaire de la Défense nationale.

Après la catastrophe de Sedan, la France, qui avait toujours compté sur son gouvernement fort et sur son armée invincible, fut un moment saisie de stupeur devant cet effondrement subit et de l'armée et de l'empire.

Comme ces fils de famille oisifs et débauchés, qui mangent follement au bout de leur patrimoine et se réveillent un beau matin complétement ruinés et n'ayant en main aucun moyen d'existence, la France, enivrée par vingt années de despotisme, se trouva tout à coup déshabituée d'agir et de vouloir, devant la banqueroute politique et morale. Quoi d'étonnant si elle fut assez longtemps à se faire à l'idée qu'elle ne devait plus compter que sur elle-même pour se sauver !

Paris, la tête de la nation, cette capitale sur qui nous nous étions déchargés du souci de penser, Paris étant bloqué, il fallait que le centre de la volonté et de l'action se portât partout. Et cette substitution ne pouvait s'opérer aussi rapidement qu'on le sentait nécessaire. Il est si commode de ne pas penser, de recevoir ses idées toutes faites d'une capitale, comme on en reçoit ses chapeaux.

Habitués à ne se mouvoir que sur des ordres, les hauts fonctionnaires de l'empire, surtout les militaires, ne pouvaient se passer d'être commandés. On eût dit qu'ils attendaient là, inertes, désorientés, semblables à des troupeaux abrutis par la domesticité, que les ennemis vinssent leur couper la gorge.

Les populations de l'Est, les premières menacées par la marche des Prussiens, n'avaient pas échappé au trouble et au désarroi que cette *décapitation* jetait dans tout le corps de la nation.

Elles avaient éprouvé un instant ces angoisses d'enfants abandonnés, mais la réaction s'était bientôt produite. Les ennemis approchaient et il fallait se défendre.

Le réveil de la vie provinciale fut un beau spectacle pour les partisans de la décentralisation ; partout s'organisèrent des réunions publiques, partout se créèrent des centres d'action, des comités en vue de la défense.

A Besançon, la vieille capitale de la Franche-Comté, que sa situation topographique désignait comme la base des futures opérations, et qui avait toutes sortes de raisons pour se croire menacée d'un siége prochain, une grande réunion publique eut lieu au théâtre, à la suite de laquelle fut nommé un comité de défense, sous le patronage et avec le concours de la municipalité.

Ce n'était pas cependant que Besançon manquât de chefs militaires ; trois ou quatre généraux, aidés des directions de l'artillerie et du génie, semblaient offrir aux habitants toutes les garanties de sécurité possibles.

Mais, à tort ou à raison, le public s'imaginait que le général de Prémonville, commandant la division, n'avait pas dû puiser dans ses précédentes fonctions d'officier de gendarmerie une instruction technique suffisante pour tenir en bon état de défense la ville de Besançon; et que, du reste, son attachement à l'ancien régime et ses opinions cléricales le désintéressaient un peu trop de la bonne ou de la mauvaise fortune de la République. On trouvait que les travaux urgents au dehors de la ville étaient conduits avec beaucoup de lenteur. La presse locale s'étant faite l'écho de ces griefs, le général y répondit publiquement en essayant de rassurer de son mieux la population sur le zèle et l'activité de la division. Dans sa proclamation, il s'étendait complaisamment sur les redoutes commencées au petit Chaudanne et à la Chapelle-des Buis, sur les forts en cours d'exécution aux Justices, etc. Quant aux autres places de la 7e division, Langres, les forts de Salins, de Joux, du Larmont et des Rousses, le général affirmait leur bon état et leur complet approvisionnement. Malheureusement, depuis les déclarations si formelles du maréchal Lebœuf avant la guerre, venant assurer à la Chambre que tout était prêt, jusqu'à un bouton de guêtre, on n'ajoutait que médiocrement foi aux assertions des généraux de l'empire, et l'on trouvait que l'activité dont se glorifiait M. de Prémonville laissait encore beaucoup à désirer. Dans tous les cas, sa justification ne disait pas un mot des hauteurs de Montfaucon, d'Arguel, de Châtillon-le-Duc, du côté de la plaine de l'Ognon, ni des Montboucons, positions qui, pour l'œil le moins exercé, dominaient et rendaient complétement inutiles toutes les défenses si complaisamment énumérées par la division.

Ce que chacun pouvait voir aussi, sans être du métier, c'est qu'il n'y avait pas encore un seul canon installé sur les points importants, au moment même où les Prussiens apparaissaient dans la Haute-Saône, sur la limite du département du Doubs.

Ce n'était pas, du reste, sur cet état de choses seulement que s'exerçait la critique des non-militaires; on reprochait au général de ne savoir pas, malgré la gravité de la situation, faire régner la discipline dans la garnison des mobiles oisifs qui encombraient la ville. Au moment où les Prussiens étaient si proches, on rencontrait partout, sur les routes et dans les villages, de ces jeunes soldats désœuvrés, la plupart sans permission.

L'armement de la population valide préoccupait beaucoup aussi, et à juste titre, les patriotes.

L'empire, en désarmant les gardes nationales au 2 décembre, par précaution dynastique, avait laissé dénués de tout moyen de défense des pays entiers que les Prussiens envahissaient maintenant, sans que la moindre résistance fût possible.

Aussi partout demandait-on à grands cris des armes

et accusait-on la lenteur du gouvernement à les distribuer.

Il y avait, il faut bien le dire, dans ces réclamations, une assez forte dose de fanfaronnade. La suite a malheureusement prouvé que dans presque toutes les localités, ces fusils demandés avec tant d'insistance furent livrés aux Prussiens à la première réquisition, ou renvoyés en toute hâte au chef-lieu du département à la première alerte. Mais plus on croyait l'ennemi éloigné, plus on exigeait des armes pour une résistance qu'on s'imaginait peut-être de bonne foi, avec l'illusion de la distance, pouvoir lui opposer.

Il est vrai de dire aussi que la garde nationale ayant été réorganisée à la hâte dans chaque commune, des armes quelconques, fût-ce des fusils à pierre, étaient nécessaires pour exercer les hommes. Ceux-ci refusaient presque partout d'assister aux exercices, s'ils devaient continuer à manœuvrer avec des bâtons.

Quant aux mobiles, pour la plupart, armés de fusils à piston ou de tabatières, ils réclamaient à grands cris des chassepots, et comme on n'en avait plus, ils profitaient de ce prétexte de l'insuffisance de leur armement pour déclarer qu'ils ne marcheraient pas. Ils cassaient leurs armes, les jetaient le long des routes, et excités par les lâches ou par des bourgeois réactionnaires, ils essayaient de soulever toute la garnison contre l'autorité militaire. Les chefs, élus par eux, et choisis parmi les caractères les moins énergiques, les moins capables de faire respecter la discipline, étaient complétement impuissants à les maintenir.

§ I.

Les comités de défense, organisés avec le plus louable empressement dans tous les centres un peu importants de population, se préoccupaient donc en première ligne de cette question de l'armement, et les conseils municipaux, excités par eux, se faisaient l'écho de ces vœux. Dans le département du Doubs, ils fatiguaient de leurs obsessions le préfet et le général de division, qui n'étaient pas toujours crus, lorsqu'ils déclaraient, aux solliciteurs de chassepots pour la garde nationale, que les arsenaux étaient vides, même de fusils à piston.

Quand on fut convaincu qu'en effet l'arsenal de Besançon n'avait plus de fusils, on prit patience ou bien l'on chercha à s'armer avec ses propres ressources. Certaines localités n'hésitèrent pas à voter immédiatement des fonds à prendre sur les biens communaux pour acheter des fusils. C'est ainsi que le village de Jougne, dans l'arrondissement de Pontarlier, bien que tout récemment incendié, votait immédiatement 5,000 francs pour achat d'armes, somme considérable eu égard à sa population et surtout au peu de danger que semblaient courir en ce moment les communes situées sur la frontière suisse. Le conseil municipal de Besançon, sollicité de suivre cet exemple, déclarait que malgré toute sa bonne volonté, le patriotisme des capitalistes bisontins ne lui permettait pas d'émettre un nouvel emprunt, le premier de 600,000 francs, voté pour faire face aux besoins de la ville en cas d'investissement, n'ayant pu être couvert. Le conseil général du Doubs, sollicité à son tour de faire un sacrifice, ne portait qu'à 100,000 francs son don patriotique. Il fallut les railleries des feuilles républicaines de la ville, pour décider ces impérialistes à voter enfin une somme un peu plus présentable, un million.

Mais il ne suffisait pas d'avoir voté des fonds, il fallait trouver des armes.

Ce fut aux Suisses, ses bons voisins, que la Franche-Comté s'adressa d'abord. Les commerçants, qui sont partout les mêmes, profitèrent de notre impatience et de notre détresse pour nous vendre de vieilles armes à peu près hors de service, au double de leur valeur. Mais tel était le désir des municipalités d'être armées promptement qu'on achetait malgré des prix exorbitants et malgré les avertissements réitérés du gouvernement de Tours, à qui toutes les communes de France se trouvaient faire ainsi concurrence en Suisse, en Angleterre, en Autriche, sur tous les marchés de l'Europe, où la délégation était, elle aussi, allée chercher des armes.

Certains villages parvinrent, à beaux deniers, à s'armer d'excellentes carabines. D'autres, plus modestes, ou ne trouvant autre chose, achetèrent de vieux fusils à piston que la France avait jadis cédés à la Suisse. Le conseil général du Doubs avait spécifié qu'il voulait des armes se chargeant par la culasse. On lui acheta des Wetterli, dont le plus grand nombre ne purent passer la frontière.

Enfin cette rage d'armement, qui finissait par rendre

très difficiles les achats du gouvernement et qui compliquait les types déjà beaucoup trop variés de nos armes et de nos munitions, prit des proportions telles que le gouvernement de Tours voulut y mettre fin.

« Il est arrivé, disait le gouvernement, que dans les derniers temps, des préfets et des comités locaux de défense ont, en vertu de leur propre initiative et en dehors de l'action du gouvernement ainsi que de la commission qu'il a instituée, effectué ou tenté d'effectuer des achats d'armes et entravé par là des opérations qui eussent été plus utilement faites, si le soin en avait été laissé à la commission d'armement. D'autres réclament tous les jours l'autorisation de faire de même et vont jusqu'à demander qu'il soit fait, au profit de leur département ou de leur commune, distraction d'une certaine partie des crédits ouverts à la commission. — Il ne saurait être fait droit à ces réclamations sans les plus graves inconvénients, etc. »

Mais les armes promises par le gouvernement n'arrivaient toujours pas, et les Prussiens continuaient à s'avancer.

Quand ils furent presque sur les limites du Doubs et de la Haute-Saône, devant l'imminence du danger, on vit germer l'idée d'une ligue régionale dans le genre de la ligue du Midi, qui venait d'être créée à Marseille par Esquiros, et de la ligue du Sud-Ouest à Lyon. Le préfet du Doubs pensa que si son département s'entendait avec ceux du Jura, du Haut-Rhin, des Vosges, de la Haute-Saône, de la Meurthe, de la Haute-Marne et de la Côte-d'Or, pour repousser l'ennemi, on pouvait combiner des plans d'ensemble d'une grande utilité. En conséquence, il n'hésita pas à provoquer la formation d'une telle association défensive sous le nom de ligue de l'Est. Un appel fut fait dans tous ces départements, principalement aux comités de défense, qu'on priait d'envoyer des représentants à Besançon pour le 9 octobre. Cette idée ayant été accueillie partout avec empressement, la première réunion fut nombreuse.

Le général, pour faire acte de bonne volonté, assista à une partie de la séance, mais voyant que l'assemblée semblait disposée à voter la subordination de l'élément militaire à l'élément civil, il ne tarda pas à se retirer. Des délégués du Haut-Rhin avaient été envoyés à cette réunion pour exposer la situation particulièrement intéressante des jeunes gens de leur pays, qu'il fallait le plus promptement possible appeler dans les départements non encore envahis, si l'on ne voulait pas se priver d'une force considérable dont les Prussiens sauraient profiter. Il fut décidé séance tenante que le département du Doubs recueillerait et dirigerait sur Lyon tous les jeunes gens qui voudraient quitter leur contrée envahie pour servir dans les rangs de l'armée française.

Le but de cette ligue, bien défini par le préfet, était de constituer une association entre les divers départements ci-dessus énumérés, de telle sorte qu'ils fussent prêts à se porter un mutuel secours en armes, en hommes et en argent. Cette action était subordonnée à la direction suprême du gouvernement, qui restait seul juge du moment où la ligue devait fonctionner.

La délégation de Tours s'était montrée, dans le principe, favorable à de semblables ligues qui, en premier lieu, la déchargeaient pour une partie des soins de la défense et qui présentaient de plus l'avantage, ayant un administrateur civil à leur tête, d'en imposer aux généraux bonapartistes. Une circulaire chiffrée recommandait aux préfets de contre-balancer le pouvoir des généraux par celui d'hommes énergiques, qui eussent pour but de « faire pénétrer l'esprit civil dans les affaires militaires. » Mais lorsque Gambetta, arrivé de Paris, eut pris le portefeuille de la guerre, il ne vit plus dans ces ligues que des tentatives de fédéralisme qu'il fallait étouffer à tout prix. Au surplus, il était plein de bienveillance pour l'armée impériale, et bien loin d'abaisser « les armes devant la toge, » il se montrait en toute circonstance bien plutôt disposé à donner toujours raison aux généraux. La désapprobation des ligues provinciales ne fut, du reste, que la conséquence de tout un système inauguré par celui qu'on a cru bien à tort un révolutionnaire et qui, malgré sa jeunesse et malgré son éducation politique, n'a jamais été à vrai dire qu'un conservateur. La dictature qu'on lui a si souvent reprochée, il ne l'a employée qu'à embaumer l'empire et à remplacer systématiquement les républicains énergiques par des hommes de l'ancien régime. Les vieillards de la délégation de Tours, Crémieux, Glais-Bizoin, Leflô, dont on accusait si souvent la sénilité, se sont montrés cent fois plus révolutionnaires dans la bonne acception du mot et ont fait preuve d'une bien plus grande intelligence de la situation. Ils avaient compris, eux, du moins, cette vérité élémentaire, qu'une République, sous peine de trahisons de toutes sortes, doit être confiée à des mains républicaines. Aussi, dès le 15 septembre, ils avaient ouvert une vaste enquête dans le pays pour arriver à remplacer partout les hommes de l'ancien régime, traîtres ou corrompus, par des citoyens dévoués à la République. C'est à eux aussi qu'on fut redevable, quoique un peu tardivement, de la dissolution des conseils généraux, conséquence nécessaire de la dissolution du Corps législatif et, enfin, de la révocation des magistrats souillés des commissions mixtes. Déjà, au 12 octobre, le ministre de la justice, M. Crémieux, comprenant qu'un homme d'État républicain devait cette légitime satisfaction à l'opinion, demandait aux préfets les noms de toutes les personnes, dans chaque département, qui avaient été frappées le 2 décembre, leur situation, celle de leurs familles, et enfin les noms des magistrats indignes qui avaient fait partie à la même époque des tribunaux de bon plaisir. Toutes ces mesures, moralisatrices par la leçon qu'elles portaient en elles-mêmes et éminemment politiques puisqu'elles avaient pour résultat de consolider la République, ont toutes été retardées, blâmées et souvent empêchées par le *dictateur* Gambetta dont l'esprit souple, insinuant, mais sans énergie et sans grandeur, a été cause en partie de nos désastres. C'est à lui que nous dûmes ce trop fameux système de conciliation qui avait pour formule inepte : « Chassons d'abord les Prussiens ! » Comme si le meilleur moyen d'assurer le triomphe de la France républicaine n'eût pas été de se débarrasser de tous les obstacles et de toutes les en traves que les traîtres et les corrompus des régimes monarchiques ne pouvaient manquer d'opposer à toutes les mesures du gouvernement. Il est possible que cette confiance dans le patriotisme des bonapartistes et monarchistes de toutes nuances fasse honneur à la générosité d'âme de M. Gambetta ; dans tous les cas, elle ne fait pas honneur à son intelligence politique ni à sa connaissance du cœur humain.

§ II.

En même temps que le préfet du Doubs pressait cette initiative de la ligue de l'Est, favorable après tout à la défense, un certain groupe de citoyens, croyant peut-être que M. Ordinaire n'en faisait pas assez, se rendaient à Tours auprès du gouvernement provisoire, et n'ayant pu en obtenir que le général Cambriels fût investi de la dictature militaire, en rapportaient le titre de *Commissaire de la défense nationale* pour l'un d'eux, M. Albert Grévy, avocat.

Voici dans quels termes ce dernier annonçait à ses compatriotes les pouvoirs dont il venait d'être investi :

« Le gouvernement provisoire me nomme *Commissaire de la défense nationale* pour les TROIS départements du Doubs, du Jura et de la Haute-Saône. Il a fait appel à mon patriotisme en des termes qui ne m'ont pas permis de décliner l'honneur de cette grande mission.

« Le péril, en effet, devient pressant : l'ennemi est au seuil de notre province; demain, peut-être, le flux de l'invasion inondera nos campagnes. L'Alsace et la Lorraine saccagées disent éloquemment ce que doivent attendre des modernes barbares les départements qui se laissent envahir.

« Debout, donc, citoyens ! Qu'une seule préoccupation fasse battre nos cœurs, celle de la défense nationale.

« Je vais consacrer à cette œuvre tout ce que je puis avoir de dévouement et d'énergie, — certain de trouver en vous les sentiments et les dispositions sans lesquels mes efforts resteraient impuissants.

« La seule politique convenable aujourd'hui, pour de vrais patriotes, est celle qui tend à ce but suprême, l'expulsion de l'étranger. N'oubliez donc pas, quelles que puissent être vos sympathies diverses, que, dans ce moment, soutenir le gouvernement, c'est combattre les Prussiens ; et que, sans le vouloir, ceux-là pactiseraient avec l'ennemi qui essayeraient d'affaiblir la République ou de réagir sourdement contre elle. Sur les ruines entassées par l'effondrement de l'empire, la République seule est debout. C'est elle qui, de sa main puissante, a relevé le drapeau de la France. Serrons-nous, messieurs, autour du porte-drapeau et crions tous ensemble : Vive la France ! Vive la République !

« ALBERT GRÉVY.

« Besançon, le 4 octobre 1870. »

Le préfet étant représentant d'un gouvernement qui avait pour principale mission de pourvoir à la défense nationale, il s'ensuivait que les fonctions de M. Grévy faisaient double emploi avec les siennes.

Il fallait nécessairement que M. Grévy prît la place de M. Ordinaire ou se retirât. Dans tous les cas, l'antagonisme entre ces deux pouvoirs était inévitable et il se déclara en effet immédiatement. M. Grévy ayant signifié son titre et sa mission au préfet en lui disant qu'il avait été nommé pour « activer ses travaux, » celui-ci contesta ses prétendus pleins pouvoirs qui recommandaient simplement au commissaire national de *s'entendre* avec le préfet, et au bout de quelques jours de lutte sourde où tous les deux mirent le gouvernement de Tours en demeure de sacrifier l'un à l'autre, M. Grévy, comprenant combien était fausse sa situation, quitta la place à M. Ordinaire et donna sa démission. Mais il était resté assez longtemps pour créer dans le parti républicain une division fâcheuse qui se fit sentir plus tard au moment des élections.

Telle était la situation générale en Franche-Comté, au moment où commencèrent les opérations militaires.

CHAPITRE II.

Cambriels nommé commandant de l'armée des Vosges. — Bataille de la Bourgonce. — Retraite imprévue et inexplicable sur Besançon.

Depuis la capitulation de Sedan jusque vers la fin de septembre, les Vosges avaient été occupées par des mobiles et des francs-tireurs agissant sous leur responsabilité personnelle et sans direction supérieure [1].

Dès le 23 septembre, le commandant de Brissac, du 2e bataillon de la Meurthe, ayant avec lui les compagnies des francs-tireurs de Luxeuil, avait eu un engagement contre cinq à six cents Prussiens à Pierrepercée et à la Scierie-Lugase près de Celles. L'ennemi, après avoir perdu cinquante-neuf hommes dont trois officiers, s'était retiré sur Badonvillers où il avait retrouvé du renfort.

1. Se trouvaient alors dans les montagnes des Vosges les trois bataillons de mobiles de ce département envoyés de Langres, le 22 septembre; trois bataillons de mobiles de la Haute-Savoie, un bataillon de la Savoie, un bataillon des Hautes-Alpes, deux bataillons des Alpes-Maritimes, deux bataillons de Saône-et-Loire, le dixième bataillon de la Meurthe, deux bataillons de la Corse, et des francs-tireurs.

Quatre jours après, le 27, l'ennemi, accompagné de canons, attaquait Raon-l'Étape que les gardes nationaux soutenus par ce même bataillon de la Meurthe et par des corps francs défendaient vigoureusement. Pendant trois heures les Prussiens canonnèrent le village. Ils étaient environ 1,200. Le commandant des mobiles fit barricader les rues et occupa avec ses troupes le flanc de la montagne qui domine Raon. L'ennemi, après deux ou trois mouvements en avant contre le village, prit le parti de se retirer à l'approche des renforts qui nous arrivaient de Saint-Dié et de Rambervillers.

Du côté des Français il n'y eut que deux hommes de tués. Outre la garde nationale de Raon, les francs-tireurs de Neuilly et de Colmar se signalèrent dans cette affaire.

Le commandant de la mobile de la Meurthe, en transmettant le récit de cette défense au général commandant la division à Besançon, ajoutait que le col du Donon, rendu impraticable, était occupé par la garde nationale et que la voie de fer n'était pas encore coupée. Ce qui n'empêchait pas nos troupes, parmi lesquelles on comptait trois mille cinq cents mobiles, de se replier comme si elles avaient été battues, ou comme si elles eussent dû combattre *en plaine*, un ennemi de beaucoup supérieur. C'était le défaut d'unité dans le commandement qui amenait ce déplorable résultat. Le préfet d'Épinal, en signalant cette situation à Besançon, demandait qu'on nommât en remplacement du lieutenant-colonel Dyonnet le capitaine d'artillerie Perrin, présumé plus énergique, ce qui fut fait. L'administrateur civil insistait aussi vivement pour avoir du canon.

A Celles, un autre engagement eut lieu où les gardes nationaux payèrent aussi bravement de leur personne. Les Prussiens, au nombre de deux à trois mille hommes avec cinq pièces de canon et trois mitrailleuses, furent obligés de battre en retraite en laissant cinquante-quatre morts sur le carreau.

Le 3 octobre, le préfet d'Épinal télégraphiait à Besançon qu'une division prussienne se dirigeait par Saales sur Saint-Dié. Depuis la prise de Strasbourg, 27 septembre, on était en droit de s'attendre tous les jours à voir déboucher l'ennemi par la vallée de la Meurthe au nord ou par les petites vallées de Senones et de Celles à l'est. Il devenait donc de plus en plus urgent de concentrer sous un commandement unique toutes les forces disséminées dans les Vosges pour empêcher que les défilés ne fussent franchis.

Ce fut le général Cambriels que le gouvernement investit de ce commandement, avec le titre de *commandant supérieur de la région de l'Est.*

On attendait beaucoup de ce nouveau chef que les dépêches de la délégation de Tours annonçaient comme un général d'un mérite exceptionnel. Échappé de Sedan, avec une blessure grave à la tête, il n'avait pas hésité à mettre son épée au service de la République. On l'avait nommé tout d'abord au commandement de la place de Belfort.

Bien que le nom du nouveau général en chef fût à peu près inconnu, on avait un tel besoin d'espérer, que personne ne douta qu'avec le nouveau venu, la face des choses ne changeât rapidement. Certains habitants de Besançon se rappelaient bien un jeune et brillant chef de bataillon du nom de Cambriels, à la taille de guêpe, beau chanteur de salon, qui s'était rendu célèbre dans la ville par d'autres conquêtes que celles qui immortalisèrent Alexandre ou César, mais on ne pouvait s'imaginer que c'était ce frivole officier qu'on annonçait de Tours comme capable de sauver la France.

C'était pourtant bien le même personnage, avec beaucoup d'embonpoint en plus et une blessure qui exerçait parfois la plus fâcheuse influence sur ses facultés mentales. Du reste, il était modeste et c'était une qualité assez rare à ce moment pour lui concilier la faveur.

Il commença tout d'abord par adresser la proclamation suivante aux généraux de division, de brigade, aux préfets, sous-préfets et comités de défense de son commandement :

« Messieurs,

« La tâche qui m'est confiée est immense : elle l'est surtout par la responsabilité qu'elle m'impose. J'espère que DIEU maintiendra mes forces à la hauteur de ma mission ; et je puis vous dire à l'avance que mon dévouement est absolu et que je suis prêt à tout sacrifier.

« Quelque terrible qu'elle soit cependant, il dépend de vous que cette tâche soit moins difficile. Aidez-moi, soutenez-moi de votre dévouement, de votre patriotisme, de votre énergie, et bien des difficultés s'aplaniront.

« La diversité des questions que je suis appelé à résoudre au point de vue de l'organisation, de la discipline et de la direction des mouvements, absorbant mon temps, mes jours, mes nuits, je ne saurais y suffire longtemps.

« Je pense donc qu'il est de toute nécessité que je me décharge de bien des détails sur des hommes ou des comités placés dans chaque département et plus à même que moi de juger de l'opportunité de telle ou telle mesure d'administration ou d'organisation. Déjà des comités de défense fonctionnent dans plusieurs départements : dans ceux où ils n'existeraient pas, j'invite les officiers généraux à les organiser au plus vite. Qu'ils les composent avec les officiers des armes spéciales dont les connaissances sont si appréciables ; qu'ils s'entourent de tout ce qui dans la population est instruit, intelligent et dévoué. Qu'ils appellent auprès d'eux les ingénieurs, les agents-voyers chefs, les hommes enfin de toute profession dont le concours peut être utile. En dehors de la composition réglementaire, cette adjonction des capacités sera chose précieuse.

« A ces comités alors de s'occuper de l'organisation des gardes mobiles, des partisans, des volontaires. A eux aussi le soin de créer des ouvrages de défense dans les localités qui se recommandent par leur importance stratégique. Qu'ils ne se laissent pas trop entraîner à l'idée de l'armement général. Il est des hommes que leur âge, leur état de santé rendent impropres à la fatigue ; qu'on ne les appelle pas. Des armes en des mains inhabiles sont un danger. Il vaut mieux moins de fusils, mais des fusils qui portent juste à l'ennemi.

« Alors les officiers généraux, les commandants des troupes pourront s'occuper exclusivement des moyens tactiques d'action.

« De mon côté, libre de toutes préoccupations de détail absorbantes, je pourrai me porter sur tous les points du territoire dont la défense m'est confiée, et j'userai à cette tâche tout ce que j'ai de cœur et d'énergie.

« Mais en dehors de ces questions, il en est une qui les domine toutes, je veux parler de la discipline ; c'est la discipline qui fait la force de l'ennemi ; c'est le manque de discipline qui fait notre faiblesse et qui a été en grande partie cause de nos revers. Je fais donc ici un appel suprême aux soldats, aux mobiles, aux gardes nationaux, aux volontaires et aux populations. C'est dans leurs mains qu'est le salut du pays, c'est dans leur discipline, dans leur obéissance absolue et immédiate.

« Je prie instamment les généraux de faire tous leurs efforts pour ramener chez nous cette précieuse qualité qui, si longtemps, a fait notre force et notre gloire. Qu'ils ne tolèrent aucune infraction dans l'armée, dans la garde nationale ou ailleurs. Qu'ils rappellent aux troupes que sur ce point le gouvernement est décidé à tout plutôt que de céder, et qu'il veut que la discipline rentre dans nos rangs et nous redonne la force nécessaire pour les luttes que nous allons soutenir.

« Que les préfets, que les comités s'adressent aux populations, qu'ils stimulent leur zèle, leur patriotisme et leur fassent voir la grandeur de la situation. Elles répondront à leur appel, j'en ai la foi. Et si malheureusement quelques hommes, oublieux de toute dignité et indifférents au péril, se laissent entraîner à des excès déplorables alors que le cœur de la France saigne, qu'ils sévissent contre eux.

« Énergie, discipline et patriotisme : que ce soient là les mots de ralliement et, Dieu aidant, notre France renaîtra.

« *Le général commandant supérieur de la région de l'Est,*

« CAMBRIELS. »

Bien qu'appartenant, comme on peut le voir par cette longue proclamation, à l'école mystique et verbeuse de Trochu, le nouveau général, je le répète, ne laissa pas d'inspirer confiance à tout le monde. Il faisait, du reste, appel aux énergies locales, et depuis quelque temps on était persuadé que là était réellement le salut.

Strasbourg venait de capituler.

Lorsqu'on apprit la reddition de cette place, on comprit aussitôt que tout l'effort de l'ennemi allait se porter sur les Vosges et qu'il allait essayer de déboucher par là sur les routes de Besançon et de Lyon.

Dès le 3 octobre, en effet, les Prussiens, qui n'avaient pas perdu un seul jour, s'emparaient de Mulhouse sans coup férir. Ils entraient dans la ville au nombre de quatre à cinq mille, et sur le refus de la municipalité de payer un impôt de guerre considérable, ils mettaient la riche cité manufacturière au pillage. Immédiatement après, une partie du corps d'occupation se dirigeait vers Zillisheim et Illfurt sur le chemin de fer de Mulhouse à Besançon. Les avant-postes français, situés à Dannemarie, donnaient immédiatement l'alarme à Belfort, où Cambriels avait transporté son quartier général.

Il était évident que les cinq à six mille hommes qui avaient occupé Mulhouse n'étaient qu'une avant-garde. Depuis plusieurs jours on signalait, de l'autre côté du Rhin, toute une armée qui, selon l'habitude de nos ennemis, dissimulait son nombre dans les forêts. Était-ce les quarante mille Prussiens venant de la Silésie et annoncés depuis longtemps? Était-ce une autre armée encore? On l'ignorait en ce moment, aussi bien que les mouvements qu'elle se préparait à opérer. Selon les uns, ces nouvelles troupes, au nombre de cent mille hommes, étaient destinées à marcher sur Paris ; selon d'autres, et c'était l'opinion la plus accréditée, elles se dirigeraient sur Lyon. Devaient-elles faire, avant de passer outre, le siége de Belfort et de Besançon, ou tourner ces deux places fortes? c'est ce que personne n'était en mesure de dire. Plusieurs croyaient encore, et l'on assurait que le général Cambriels était de cette opinion, qu'il s'agissait simplement d'une bande de pillards et que leur menace contre les Vosges n'était qu'une démonstration. Dans tous les cas les Prussiens marchaient en avant, et quels que fussent leurs projets, il était urgent de les arrêter.

Un ingénieur en chef du Doubs avait été chargé d'organiser, avec les comités de défense locaux, les agents-voyers, les forestiers, les maires, etc., tous les travaux utiles pour entraver la marche de l'ennemi, de couper les routes, d'accumuler des abatis d'arbres, de faire sauter les ponts, etc... Dès le 3 octobre ces travaux étaient exécutés du côté de Montbéliard, et l'on prenait des mesures pour qu'il en fût de même dans le reste du département. En ce moment l'ennemi était signalé vers Altkirch, où personne ne se rencontrait pour s'opposer à son passage. Une colonne de douze mille cinq cents hommes, après avoir envahi ce territoire, passait outre et se dirigeait vers la Franche-Comté.

Cambriels avait en ce moment à sa disposition pour se porter en avant, une partie de la garnison de Belfort, composée en majorité de mobiles, les renforts qui avaient été détachés de l'armée de Lyon pour lui être envoyés, et une partie de la garnison de Besançon. L'ensemble de ces troupes se montait environ à trente mille hommes. C'était plus qu'il n'en fallait pour défendre contre une armée, aussi considérable qu'elle fût, les passages infranchissables des trente-neuf ballons des Vosges. Les Prussiens ont toujours reconnu qu'avec dix mille hommes on aurait pu facilement les arrêter.

Le jour même où il apprenait l'entrée des Prussiens à Mulhouse, Cambriels dirigeait sur les Vosges un bataillon de mobiles sous le commandement de M. Keller, ex-député de l'Alsace, qui avait été nommé, n'ayant d'autre titre que son cléricalisme outré, colonel de la garde mobile et *commandant supérieur de tous les corps francs.*

Le général en chef de l'armée de l'Est faisait savoir en même temps à Besançon que, dans l'impossibilité d'organiser la défense entre Belfort et le Rhin, par le Sud, avec les éléments à sa disposition, il se bornait à faire garder l'angle des deux chemins de fer de Belfort à Paris et de Belfort à Lyon par trois bataillons de la Haute-Garonne, échelonnés entre Champagney et Marvelise. Il recommandait au général de Prémonville d'organiser pour le mieux la défense du Doubs, se reconnaissant par avance incapable d'arrêter l'ennemi. Cependant on ne signalait encore que dix mille hommes à Mulhouse, mille chevaux et douze pièces de canon.

Après avoir pris ses dispositions, le général Cambriels se porta de Belfort à Épinal, où nous le trouvons au 5 octobre. A cette date, il demande à Besançon quatre bataillons de mobiles, dont un de douze cents hommes qui devait rester à Champagney (Haute-Saône).

Ces mobiles arrivèrent à Épinal le 7 octobre, le lendemain de la bataille de la Bourgonce.

La prise de Strasbourg, en rendant leur liberté d'action aux troupes allemandes immobilisées sous les murs de cette ville, leur avait permis la formation d'une nouvelle armée. Le 14e corps, sous les ordres du général de Werder, avec Degenfeld pour chef d'état-major, comprenait deux divisions formant un effectif de trente mille hommes, et était destiné à occuper solidement les Vosges pour empêcher tout mouvement qui viendrait du sud de la France. Pendant ce temps, vingt mille Badois marchaient sur Paris pour renforcer les troupes du siége, tandis que soixante-dix mille restaient disponibles pour se porter sur Belfort et sur Lyon. Strasbourg demeurait occupé par une garnison de vingt mille hommes.

C'était à une colonne des trente mille hommes de Werder, commandés par Degenfeld, que se heurta, entre Raon et Bruyères, une partie de l'armée des Vosges sous les ordres du général Dupré. Cette bataille a pris le nóm de Bourgonce ou de Nompatelize.

Après avoir évacué successivement le col du Donon, qu'on eût pu facilement défendre, Raon et Étival, les corps francs et les mobiles, dont nous avons précédemment parlé, s'étaient arrêtés à la Bourgonce. Là étaient venues les rejoindre les troupes de Cambriels. Les Français s'étaient mis en ligne dans la vallée de la Vologne. Derrière Bruyères, sur les hauteurs à pic qui commandent la vallée des Rouges-Eaux, dans une position formidable où une poignée de combattants eût suffi pour arrêter une armée, se trouvaient des mobiles des Vosges et des Bretons. Des épaulements avaient été élevés par les habitants eux-mêmes pour couvrir Beauménil et Laval.

Le combat commença à sept heures du matin. Les Prussiens, au nombre de huit à dix mille hommes, occupaient Étival et tout l'espace compris entre ce village et Nompatelize, non loin de Raon, sur la Meurthe. Deux bataillons de mobiles, soutenus par la compagnie des francs-tireurs de Neuilly et par les éclaireurs lyonnais, se portèrent en avant pour les déloger de leur position. Après avoir pris et repris le village de Saint-Remy, nos troupes se replièrent pour attendre des renforts et de l'artillerie. Pendant ce temps, les Prussiens entraient à Saint-Dié.

Vers les deux heures de l'après-midi, des renforts nous arrivaient avec quelques pièces de canon et immédiatement nos troupes reprenaient l'offensive. Après plusieurs heures de combat l'ennemi, maître du terrain, entrait dans la Bourgonce, et nos troupes se retiraient en désordre sur Bruyères. L'ennemi, du reste, ne sut pas profiter de son avantage, le soir même il abandonnait le terrain et regagnait Étival. Nos pertes, quoique moindres que celles des Prussiens, furent cependant assez considérables : six cents hommes tués ou blessés et cinq cents prisonniers. Parmi les morts il faut mentionner le colonel du 32e de marche.

Les mobiles des Vosges, armés de fusils à tabatière, montrèrent un courage et une solidité qu'on n'attendait pas de leur inexpérience. Les compagnies de francs-tireurs, surtout celle de Neuilly, se battirent comme de vieilles troupes, ainsi que les mobiles du Jura et les Bretons, qui se seraient emparés des canons de l'ennemi sans une malheureuse méprise des mobiles. Ceux-ci, les prenant pour des Prussiens, tirèrent sur eux à différentes reprises.

Parmi les combattants qui se distinguèrent le plus dans cette journée où nous faillîmes avoir l'avantage, il faut mentionner une jeune fille, Mlle Lix, receveuse des postes à Lamarche et qui se trouvait à la Bourgonce en qualité de lieutenant de francs-tireurs.

Plusieurs fermes et une partie du village de Saint-Remy avaient été, le matin, au début de l'attaque, brûlés par les Allemands. Le village de Nompatelize ainsi que celui de la Bourgonce avaient subi le même sort.

Nos soldats racontaient que les Prussiens à qui ils avaient eu affaire levèrent à plusieurs reprises la crosse en l'air comme pour se rendre ; lorsqu'on approchait d'eux, ils faisaient feu.

Le général Dupré, qui commandait en chef, fut blessé dans l'action. Arrivé le matin même, car là comme ailleurs nous avions encore été surpris, il avait mis ses troupes en bataille sans avoir eu seulement le temps de reconnaître le terrain[1].

Cambriels, qui était à Bruyères, y resta quelques jours après la bataille, occupé à reformer son armée, puis tout à coup, on ne sait sur la foi de quels rapports, il s'imagina qu'il allait être tourné par un corps d'armée qui avait traversé les Vosges du côté de Belfort, ou bien que les Prussiens, comme on le disait, débouchaient par trois vallées, et il envoya de Laveline-du-Houx, son quartier général, l'ordre de battre en retraite.

Le 8 octobre il était à Granges où il organisait un corps d'auxiliaires du génie pour les travaux de défense à exécuter.

1. Voici la désignation des troupes qui furent engagées dans cette affaire : le 32e de marche, le régiment de mobiles des Deux-Sèvres, les trois premiers bataillons de mobiles des Vosges, les francs-tireurs de Neuilly, ceux de Colmar, ceux de Lamarche, les francs-tireurs bretons, ceux du Rhône, une demi-batterie d'artillerie commandée par le colonel Perrin.

Le 11, il faisait replier sur le versant sud des Vosges, à Bains, Plombières, Faucogney, Servance, les bataillons de la Haute-Garonne.

Le 12, le gros de l'armée arrivé à Remiremont était en pleine retraite sur le Thillot.

Les officiers et les soldats ne pouvaient en croire ces ordres, ne comprenant pas qu'après la Bourgonce, où l'on avait vaillamment combattu, et lorsqu'on occupait encore des positions inexpugnables, on abandonnât la place aux ennemis. Ne pouvait-on pas défendre les montagnes de l'Encerf, Docelles, plus loin Jarmenil et l'entrée de la vallée de la Moselle? Quant aux lignes de retraite, nous avions la forêt de Malanrup et la vallée de Saint-Jean, à Docelles la vallée de Tendon et du Tholy, à Jarmenil celle de Remiremont, etc.

Cette retraite était inexplicable et bien faite pour décourager des hommes qu'un demi-succès avait fortifiés et qui ne demandaient pas mieux que de marcher en avant. La démoralisation fut d'autant plus rapide que la retraite, qui ne tarda pas à se changer en débâcle, s'opérait sans vivres et presque sans souliers, au milieu d'une pluie battante, à travers les montagnes, et qu'on ne savait évidemment pas où l'on voulait aller. Les mobiles vosgiens, qui connaissaient le pays, n'avaient pas de peine à comprendre, aux marches et contre-marches inexplicables qu'on leur faisait faire, que les chefs n'avaient aucun plan arrêté.

Pendant que le gros de l'armée se repliait ainsi, selon la coutume consacrée depuis le commencement des hostilités, les Prussiens se répandaient de tous les côtés dans le massif des Vosges et s'emparaient des passages qu'ils trouvaient libres. Seuls, des francs-tireurs et des détachements de mobiles, qui n'avaient pas voulu lâcher pied, opposaient quelque résistance.

Quoique abandonnées par les troupes, les populations de certaines localités donnaient d'héroïques exemples. A Rambervillers, le 9 octobre, les gardes nationaux sédentaires, au nombre de deux cents environ, se barricadaient dans les rues et tenaient tête à cinq ou six mille Prussiens.

A Celles il en fut de même, à Épinal aussi. Les gardes nationaux de Sainte-Amarie, avec les femmes du village, se portèrent en avant et repoussèrent l'ennemi.

Mais depuis la retraite des trente mille hommes de Cambriels, une résistance sérieuse était devenue impossible; les Prussiens débouchaient de tous les côtés, et bientôt, après s'être emparés de Rambervillers, ils occupaient, au nombre de sept mille, Épinal, le chef-lieu des Vosges. Le préfet et le comité de défense, qui s'étaient retirés à Xertigny, ne se trouvant plus assez en sûreté, gagnaient Bains avec le général commandant la subdivision de Vesoul.

Bien loin de songer à un retour offensif, qui, s'il n'eût pas sauvé les Vosges, aurait au moins retardé la marche des Prussiens sur Vesoul et Dijon, Cambriels faisait revenir à marches forcées (100 kilomètres en deux jours) son armée sous les murs de Besançon. A la date du 12 octobre, pour toute explication, de Remiremont où il se trouvait avec son état-major, il envoyait le télégramme suivant au général de Prémonville, commandant la division à Besançon : « L'ENNEMI A ESSAYÉ DE NOUS SURPRENDRE dans notre pâté de montagnes. J'ai dû battre en retraite sur Remiremont. J'attends les Allemands, mais J'AI DÉJA DÉCIDÉ que je prendrais pour ligne de retraite la ligne de Lure et pour objectif Besançon. Je ne sais au juste quelles sont les forces que j'amènerai avec moi ; elles seront d'environ vingt mille hommes. Faites prendre par l'intendance des précautions en conséquence, et priez votre directeur du génie et de l'artillerie de me choisir une position qui puisse devenir une protection pour la ville et me permettre en même temps de sortir. Prévenez la Compagnie du chemin de fer d'accumuler du matériel à Lisle sur le Doubs pour transporter mes troupes. Prenez vos précautions : on m'annonce à l'instant qu'une forte colonne prussienne est apparue de nouveau dans le Haut-Rhin. Écrivez au ministre pour approvisionnements de cartouches de toutes sortes et canons de 4 et de 12 de montagne. »

Le lendemain il renouvelait ces prescriptions en annonçant cette fois trente mille hommes, c'est-à-dire son armée tout entière.

Dans la nuit du 14 au 15, cinq trains remplis de soldats de toutes armes, sans officiers, arrivaient de Lisle sur le Doubs à Baume-les-Dames. Les uns descendaient prétextant des ordres, les autres en plus grand nombre poursuivaient leur route sur Besançon. La plupart ne savaient quelle direction prendre au milieu d'injonctions qui se contredisaient. Les soldats racontaient que dans la nuit, tandis qu'ils étaient campés à Héricourt, ils avaient été surpris par l'ennemi. Ils n'avaient point d'officiers avec eux; ceux-ci étaient allés coucher dans les maisons des villages environnants. Aussitôt qu'on avait signalé les Prussiens, ils avaient couru à la gare se jetant pêle-mêle dans les wagons, et c'est ainsi qu'ils arrivaient à Besançon, les soldats d'un côté et les officiers d'un autre.

Le 15, Cambriels se trouvait avec son état-major à Montbozon. Malgré la distance déjà considérable qu'il avait mise entre lui et les Vosges, le général en chef se croyait poursuivi, tourné par l'ennemi et près d'être fait prisonnier. Ce fut dans cette situation d'esprit qu'il reçut la visite de M. Grévy, commissaire de la défense nationale, et qui était venu à sa recherche pour savoir ce qu'il comptait faire et pour l'engager à revenir à Besançon. En le quittant, M. Grévy dit au général : « Eh bien, nous nous reverrons demain à Besançon ! — Si Dieu le veut ! » s'écria Cambriels en montrant le ciel d'un geste désespéré !

A ce moment le général ignorait à peu près ce qu'était devenue son armée, puisqu'il télégraphiait le lendemain au sous-préfet de Baume : « Faites-moi connaître exactement et au plus tôt quelles sont les troupes qui sont encore à Baume, quels sont les *effectifs approximatifs et les officiers qui les commandent.* Vous pourrez les cantonner dans les villages environnant votre ville, à 8 ou 10 kilomètres dans toutes les directions. Vous me rendrez compte des emplacements pris et des troupes qui les occupent.

L'arrivée inattendue à Besançon de l'armée de Cambriels, qu'on croyait occupée à défendre solidement les passages des Vosges, causa dans la population civile et militaire et dans tout le pays la plus douloureuse surprise, sentiment qui fit bientôt place à l'irritation. On était unanime à penser et à dire, en présence de cet abandon de montagnes si faciles à défendre, qu'il fallait que le général fût un traître ou qu'il eût perdu l'esprit, — ce que laissait assez naturellement supposer la blessure qu'il avait reçue à la tête. — Officiers et soldats étaient du reste unanimes à incriminer la conduite de leur général, et c'était la mort dans le cœur qu'ils s'en revenaient, criant bien haut « qu'ils étaient trahis, que rien ne justifiait une pareille retraite, que Cambriels les avait fait s'éloigner d'un point où il lui était facile non-seulement d'arrêter l'ennemi, mais de l'écraser. » Un grand nombre allaient jusqu'à proférer des menaces de mort contre leur chef.

Les amis du général eurent beau vanter sa retraite comme un acte de haute prudence et lui décerner le titre de *temporisateur*, ces éloges ne purent convaincre le public qui s'obstina à voir une faute impardonnable dans l'abandon des Vosges.

Cependant quelques-uns prétendirent que le général n'avait pas lâché pied, qu'il était simplement revenu sous Besançon pour se ravitailler, cantonner ses troupes, les exercer et les aguerrir avant de retourner à l'ennemi — c'était, du reste, ce qu'il avait annoncé lui-même — et que les Prussiens, ne menaçant pas encore la trouée de Belfort, il n'y avait rien de perdu; qu'il valait mieux défendre en plaine les routes conduisant à Lyon que d'arrêter les ennemis dans les défilés des Vosges, etc...

Dans la lettre qu'il écrivit plus tard à Gambetta, Cambriels s'expliquait ainsi sur sa retraite.

« Appelé dans les Vosges par la présence de l'ennemi qui venait d'entamer sur deux points le massif et les montagnes, il me fut bientôt démontré que je ne pourrais tenir longtemps dans les positions que j'occupais avec les onze ou douze mille hommes — *(et les trente mille qu'il annonçait au général commandant à Besançon?)* que j'avais réunis après le combat de la Bourgonce. L'ennemi débouchait sur mon front et sur ma gauche, et menaçait ma ligne de retraite par la vallée de la Moselle.

« Fallait-il avec des troupes mal armées, dont quelques-unes habillées de toile, sans souliers, sans tentes, SANS CHEFS SUPÉRIEURS, sans réserves de vivres ni de munitions (*il faut que rien ne leur manque à ces chefs sans initiative et sans audace!*) attendre un ennemi dont les forces s'élevaient à trente-cinq mille hommes, ainsi que vous me l'écriviez plus tard, et menant avec lui une nombreuse artillerie ; je ne l'ai pas pensé, et sur l'avis d'un conseil de guerre (*les généraux n'assemblent jamais les conseils de guerre que lorsqu'ils veulent prendre le parti le plus timide*), je me décidai à quitter mes positions et à opérer ma retraite sur Besançon afin de pouvoir, à l'abri du canon de cette place, concentrer mes troupes disséminées sur tous les points, les organiser, les instruire et les rappeler à la discipline ; en un mot, créer une force respectable et capable au premier jour de manœuvrer avec succès sur la ligne d'opération de l'ennemi.

« Rester dans nos positions vingt-quatre heures, douze heures de plus, c'était à mon sens une faute impardonnable, c'était entraîner à un désastre inévitable, à une ruine complète, cette petite colonne que je considérais comme le noyau d'une armée redoutable, dans un avenir peu éloigné.

« Comment, en effet, eût-elle pu résister sans approvisionnements, je le répète, sans réserves d'aucune espèce, dans un pays pauvre et pouvant à peine se suffire à lui-même?

« Ce n'est pas ainsi que j'avais compris la mission que le gouvernement m'avait confiée en m'appelant au commandement supérieur de l'Est. (*Sa mission était de défendre les Vosges et il les a abandonnées.*) Et pour rien au monde je n'aurais consenti à sacrifier, *à un intérêt local,* une armée sur laquelle la République avait le droit de compter à un moment donné.

« Et ce moment, était-il bien éloigné, monsieur le ministre? puisque, lors de mon départ, je laissai à mon successeur deux divisions bien organisées, d'une force de vingt mille hommes, une réserve de trente mille et une colonne mobile de cinq mille.

« A Besançon, malgré un temps effroyable, j'habillais, je chaussais mes hommes pour la saison d'hiver, j'assurais les réserves de vivres, de munitions, et je résistais avec succès à *deux attaques,* et depuis la première fois, depuis le début de la guerre, je terminais le combat par une belle charge à la baïonnette.

« J'ai fait mon devoir, m'inspirant uniquement de mon patriotisme, de mon dévouement au pays, et cependant je suis calomnié. Le *Siècle* publie *la trahison du général Cambriels* et les journaux de province font écho. Cependant j'ai été remplacé *sur ma demande*. Je supplie monsieur le ministre d'ordonner une enquête : qu'on me destitue si je suis incapable ou qu'on me fusille si je suis un traître...

« CAMBRIELS. »

Malgré cet essai de justification, un fait restait clair, évident, indéniable, c'est que Cambriels ayant abandonné des positions incomparables, des gorges où quelques hommes suffisaient à arrêter un corps d'armée tout entier, il ne pouvait, par conséquent, avoir la prétention de résister avec succès en plaine. Quant à la trouée de Belfort, si les Prussiens ne s'en étaient pas encore emparés, Cambriels n'en avait pas le mérite. Ce passage était inutile aux Allemands qui avaient, à leur choix, bien d'autres routes pour marcher sur Besançon et sur Lyon.

En effet, tandis que les partisans de Cambriels essayaient de pallier sa faute, les ennemis débouchaient de tous les côtés dans la Haute-Saône et menaçaient directement Besançon. Heureusement pour le général, la nouvelle de l'arrivée de Garibaldi dans cette ville et la promesse de la prochaine venue de Gambetta firent un peu diversion au déplorable effet produit par cette retraite inattendue, et ranimèrent l'espoir des patriotes.

CHAPITRE III.

Arrivée de Garibaldi en Franche-Comté. — La levée des mobilisés. — Gambetta à Besançon. — Son mot sur Garibaldi. — Les Prussiens dans la Haute-Saône. — Leur passage dans la vallée de l'Ognon. — Affaire de Cussey et de Châtillon-le-Duc. — Cambriels remplacé par le général Michel.

On savait que le héros italien venait d'être nommé commandant de tous les corps francs opérant dans les Vosges, et que le gouvernement de Bordeaux avait mis en outre à sa disposition une brigade de mobiles. Le bruit courait qu'il amenait avec lui un corps d'élite de douze mille volontaires composé en grande partie de ses fidèles italiens. On ne doutait donc pas que l'illustre chef ne mît fin à tous les *repliements* désastreux qui menaçaient de passer en habitude chez nos généraux.

Malheureusement, voici comment en réalité étaient composées, à ce moment, les forces dont Garibaldi avait le commandement.

Elles étaient divisées en trois corps. La première brigade sous le commandement de Bosak-Hanké, le valeureux patriote polonais, comprenait un bataillon de gardes mobiles des Alpes-Maritimes et un bataillon de francs-tireurs étrangers, la plupart anglais et espagnols, commandés par Orense : en tout quinze cents hommes.

La deuxième brigade, sous le commandement du colonel Mari, n'avait pas encore de soldats.

La troisième brigade, sous les ordres de Menoti Garibaldi, comprenait des gardes mobiles français, deux bataillons d'Italiens et un bataillon de Niçois, — l'ensemble montant à deux mille hommes.

L'armée de Garibaldi se composait donc en tout de trois mille cinq cents hommes dont la plupart n'avaient ni souliers, ni couvertures, ni effets de campement et étaient presque tous armés de vieux fusils à piston.

Aussitôt arrivé à Dôle (13 octobre) qu'il avait choisi pour son quartier général, le chef italien avait adressé à SON ARMÉE cet ordre du jour dont le laconisme martial formait le plus rassurant contraste avec la proclamation du général Cambriels que nous avons citée plus haut :

« Volontaires, francs-tireurs et mobiles,

« Je viens prendre le commandement des corps formés pour la défense nationale.

« La Prusse sait qu'elle doit maintenant compter avec la nation armée.

« Je ne vous adresse pas de longues paroles. Voici des instructions qui vous serviront de règle dans vos opérations contre l'envahisseur et l'ennemi de la République [1].

« Je compte sur vous, vous pouvez compter sur moi.

« G. GARIBALDI. »

1. Voir appendice : l'instruction pour les francs-tireurs et les corps de volontaires.

Ce fut le 14 octobre, à huit heures du matin, que le héros italien arriva à Besançon. Toute la population républicaine de la ville se pressait à la gare pour lui rendre hommage. Les gardes nationales mobiles et sédentaires formaient la haie sur son passage. Sa voiture fut couverte de fleurs [1]. Le préfet, en tête des autorités de la ville, le reçut au débarcadère avec ces paroles : « Général, éprouvée par le malheur, la nation française a senti battre son cœur à la nouvelle que vous veniez l'aider à la sortir de l'abîme où le despotisme l'a plongée. Et nous, Francs-Comtois, nous sommes bien heureux de vous voir au milieu de nous. Votre présence augmente notre courage et notre espoir. Ne savons-nous pas que le nom illustre de Garibaldi, si cher aux peuples opprimés, signifie affranchissement et liberté ! »

Garibaldi répondit : « Je suis vieux et infirme, mais ce qui reste de moi est à vous ; je l'apporte à la France républicaine. »

Le héros italien ne resta que deux heures à la préfecture, occupé à étudier sur des cartes la topographie de la Franche-Comté et à recevoir les hommes spéciaux qui pouvaient lui donner des renseignements. A onze heures, après avoir reçu la visite du conseil municipal, il repartait pour Belfort à la recherche de Cambriels

1. Il va sans dire que le parti clérical et légitimiste se tint à l'écart. Un nommé de Jallerange, officier de la garde nationale, osa même, en pleine rue et devant témoins, qualifier le héros italien de « vieille canaille. » Le mot fit scandale ; mais ce n'était que le prélude des infamies de toutes sortes auxquelles furent en butte, de la part des *patriotes* religieux, le dévouement et l'abnégation de Garibaldi.

avec qui il voulait s'entendre pour combiner ses mouvements. Mais Cambriels n'y était déjà plus. Reçu à la gare par le sous-préfet et par le général Crouzat qui venait d'être nommé commandant de cette place, Garibaldi, aux compliments qui lui furent adressés, répondit par ces paroles d'espérance en s'adressant aux soldats : — « Vous avez un million, huit cent mille camarades prêts à mourir pour la patrie. Ce chiffre est officiel, je le tiens de Tours, nous sommes donc sûrs de vaincre ! »

Et en effet, avec la levée des mobilisés qui venait d'être décrétée, les troupes régulières, la garde nationale mobile et les volontaires de toutes sortes, l'effectif total ne devait pas aller loin de ce chiffre.

Cette levée de tous les célibataires de vingt et un à quarante ans mettait sous les armes des forces considérables, sept à huit cent mille hommes, qui eussent pu tenir tête aux masses prussiennes ; mais à deux conditions qui, malheureusement, ne purent pas être remplies : il eût fallu 1° que ces hommes fussent armés et équipés ; 2° qu'ils fussent au moins quelque peu exercés. Des armes, nous avons déjà dit qu'il en manquait malgré les efforts du gouvernement et des municipalités pour s'en procurer. Quant à l'équipement, comme on avait eu le tort de compter d'abord sur l'empressement patriotique des communes et qu'on ne tarda pas à s'apercevoir que, si elles n'y étaient pas contraintes, elles ne feraient rien, ou à peu près, ce fut du temps perdu jusqu'au moment où un décret les obligea à fournir proportionnellement à leurs ressources les sommes nécessaires à l'armement, à l'équipement et à la solde de la nouvelle levée.

En attendant, les semaines se passaient, et comme les raisons financières s'opposaient à la levée telle quelle de ces soldats qu'il aurait fallu concentrer en certains lieux déterminés pour leur apprendre au moins à tirer un coup de fusil avant de les conduire à l'ennemi, on laissait chez eux jusqu'à nouvel ordre les mobilisés.

Le préfet du Doubs, incité du reste par les avis de la plupart des comités de défense, avait compris que si l'on n'arrachait pas les recrues à leurs villages, si on ne les dépaysait pas en les réunissant dans certains centres pour les exercer, elles ne pourraient jamais rendre aucun service. En conséquence il fixa, par un arrêté, les villes et les villages où les conscrits devaient être massés; mais le conseil général, « vu la difficulté d'assurer la nourriture et le logement à ces hommes dans les localités déterminées, » fut d'avis qu'il y avait lieu d'ajourner cette concentration. Les Républicains avaient beau s'écrier que s'il s'agissait de Prussiens, il faudrait bien les nourrir et les loger en nombre encore plus considérable, l'esprit de routine et d'égoïsme étroit continuait à entraver toutes les mesures patriotiques essayées pour la défense.

En présence du découragement, de la démoralisation qu'avait produits l'abandon des Vosges aussi bien dans l'armée que dans la population civile, le préfet du Doubs avait prié son ancien collègue Gambetta de venir à Besançon pour se rendre compte par lui-même de la situation. Gambetta arriva le 18. Dès le 16, le préfet avait mandé également Garibaldi. Cambriels fut invité à expliquer sa conduite.

Un conseil fut tenu pendant l'après-midi, auquel assistèrent les généraux de Prémonville, Bonamy, un ingénieur en chef, le préfet, le colonel Gaukler et Cambriels.

Garibaldi n'y avait pas été convoqué.

Cambriels n'eut pas de peine à égarer le tout nouveau ministre de la guerre à travers ses explications sur les cartes des Vosges. Il lui fit voir sans doute par où les Prussiens *auraient pu* le tourner... M. Gambetta, qui descendait à peine de ballon et qui n'avait encore eu que six jours pour s'initier aux connaissances stratégiques exigées par ses nouvelles fonctions, se montra beaucoup plus sensible aux égards que lui témoignaient les vieilles moustaches qu'aux raisons qui lui étaient présentées, et finit par donner absolution pleine et entière au général Cambriels. Dès ce moment, le ministre était si bien entré dans les idées et les préjugés de l'armée, que Garibaldi, le combattant illustre, le martyr du républicanisme, lui inspirait moins de confiance que les généraux de l'ex-empire. C'est à peine si, à la veille de quitter la ville, il daigna se rappeler que le vieux héros était à côté de lui à la préfecture, et consentit à l'aller voir un instant.

Au moment de monter en wagon, il aurait dit ces mots que les républicains ne devront pas aisément oublier : « Il ne faut pas s'occuper de Garibaldi, C'EST UN EMBARRAS POUR NOUS ! »

Cette parole qu'on nous donne comme AUTHENTIQUE en dit plus qu'un volume pour expliquer ce que fut la politique de Gambetta pendant la guerre. C'était bien ainsi que devait s'exprimer, à l'égard du héros de la République universelle, l'homme souple et insinuant qui, déjà sous l'empire, dans l'espoir peut-être d'un portefeuille qui miroitait à ses yeux, faisait de continuelles avances à la majorité et qui, durant son « innocente » dictature, que les réactionnaires lui ont si injustement reprochée, car il les a servis, a semblé ne se proposer d'autre but que de consolider l'édifice monarchique que la révolution du 4 septembre avait jeté bas.

En même temps qu'il traitait Garibaldi avec la plus injurieuse défiance, inspirée sans doute par la jalousie, le dictateur républicain se montrait au plus haut point bienveillant pour le clérical et légitimiste Keller, qu'il nommait colonel d'une légion, à créer, de gardes nationaux mobilisés d'Alsace et de Lorraine. Il savait pourtant que M. Keller qui, disait-on, n'avait jamais assisté à aucun combat, avait été abandonné par ses francs-tireurs, découragés de servir sous un tel chef ; mais M. Gambetta cherchait si bien à ménager tout le monde pour augmenter la durée de son pouvoir qu'il eût fini, devançant M. Thiers, par mettre en pratique le principe : « la République sans républicains. » Sauf les préfets et quelques sous-préfets, le personnel impérial resta partout le même, et encore un grand nombre d'anciens administrateurs furent-ils replacés dans les intendances ou ailleurs [1].

Il est évident que ce personnel impérial ne pouvait

1. Pour citer un exemple de cette désastreuse politique, nous rappellerons que le bataillon des mobiles corses, qu'on a pu voir à Arbois, était commandé par MM. Abbatucci et Ramolino, cousins

avoir d'autre but, et les événements l'ont malheureusement trop prouvé, que de faire échouer toutes les mesures si peu révolutionnaires pourtant de la délégation de Tours et de Bordeaux. En présence de tels faits, on ne peut s'empêcher de reconnaître que, par sa faiblesse et par son inintelligence de la situation, Gambetta avait rendu tout espoir de salut irréalisable.

Quoi qu'il en fût de ses préventions contre Garibaldi, comme le nouveau ministre de la guerre n'osait pas brutalement renvoyer ce héros de dévouement qui venait offrir généreusement son sang et celui de la jeunesse italienne dont il était accompagné, il l'avait investi d'un commandement presque imaginaire dans les Vosges, et en avait instruit le général Cambriels par

de l'ex-empereur. Personne n'ignore du reste que tous les officiers de mobiles, nommés à la faveur sous Napoléon III, avaient été choisis à raison de leur zèle dynastique. Et cependant, malgré les protestations incessantes des républicains qui ne cessaient de signaler le danger, ils furent tous conservés.

Qu'on me permette à ce propos un souvenir personnel. Deux ou trois jours avant la débâcle de l'armée de Bourbaki, je vis entrer dans mon cabinet, à Pontarlier, un gros officier, au teint apoplectique, qui venait demander une feuille de route pour s'en retourner chez lui. Il se plaignait d'un rhume, et bien qu'il marchât sans gêne apparente, il disait avoir les pieds gelés.

« Vous êtes un ancien militaire, lui demandai-je en jetant les yeux sur le ruban rouge qui ornait sa boutonnière?

— Non monsieur, j'ai été décoré comme agriculteur. Je suis conseiller général de mon département. Lorsque l'empereur a organisé la mobile, mon fils et moi avons sollicité des grades pour être agréables au gouvernement. Puis la guerre a éclaté..... nous n'avons naturellement..... pas osé donner notre démission..... »

Mais ces messieurs, et combien d'autres dans le même cas, profitaient du premier prétexte pour se retirer.

la lettre suivante où il lui demande à peu près pardon, de lui donner pour collègue le célèbre républicain :

« Tours, 13 octobre 1870.

« Général, *je fais appel à votre patriotisme*. Le commandement des compagnies de francs-tireurs avec une brigade de mobiles dans la zone des Vosges a été donné au général Garibaldi, qui a généreusement offert son épée et ses services à la République française. Le général Garibaldi est parti pour aller vous voir et se concerter avec vous sur les moyens d'action. *Je compte sur le bon accueil que vous allez lui faire*, et je suis sûr qu'un homme de cœur tel que vous mettra loyalement la main dans celle de l'illustre patriote pour triompher ensemble des difficultés présentes.

« GAMBETTA. »

§ I.

Le passage de Gambetta à Besançon donna lieu à la démission du commissaire extraordinaire de la défense nationale, M. Albert Grévy, qui de concert avec le colonel Gaukler s'était énergiquement prononcé contre l'incroyable retraite du général Cambriels et pour la nécessité de réoccuper les Vosges. Du reste, sans pouvoir spécial et sans mission définie entre les autorités civiles et militaires, M. Grévy était réduit à l'impuissance. Sa retraite ne fut même pas remarquée.

Ainsi donc, au point de vue de la défense, ce voyage du ministre de la guerre à Besançon, loin d'être comme on l'avait espéré un gage de protection pour les départements de l'Est, n'eut d'autre effet que de consacrer l'abandon définitif des Vosges.

Les populations des départements menacés, de la Haute-Saône et du Doubs, se voyant complétement livrées à la merci des Prussiens, par suite de la retraite de l'armée des Vosges, faisaient entendre les plaintes les plus amères. Des colonnes considérables d'ennemis, qu'on estimait à soixante-quinze mille hommes, descendaient par Aillevillers, Fougerolles, Saint-Loup et Luxeuil et se dirigeaient du côté de Vesoul. Le 18, le jour même où Gambetta se trouvait à Besançon, trois mille six cents hommes d'infanterie prussienne, six cents chevaux et deux batteries d'artillerie occupaient sans coup férir la petite ville de Lure dans la Haute-Saône. La veille, on se doutait si peu de l'arrivée des Prussiens, que le sous-préfet de cette localité mandait au commissaire de la défense à Besançon que la population était prête à se défendre, qu'on envoyât des armes et quelques soldats pour soutenir les gardes nationaux.

Il faut dire que la résolution énergique de la ville de Lure ne fut qu'une exception. Dans la Haute-Saône comme à peu près partout, les habitants qui avaient des armes s'étaient hâtés de les expédier soit à Baume, soit à Besançon, de peur d'*imprudences*, comme disait naïvement le maire de Rougemont. On avait si peu l'intention de résister que, dès le 13 octobre, près d'une semaine avant l'arrivée des Prussiens, le préfet de Vesoul écrivait au sous-préfet de Gray « que la retraite de Cambriels laissant le département sans défense, le COMITÉ DE DÉFENSE avait déclaré que les gardes nationaux ne pouvaient et ne *devaient* pas faire usage de leurs armes. » Il donnait en conséquence l'ordre à tous les maires d'envoyer immédiatement à Besançon les munitions de la garde nationale. Ces prescriptions, un peu en désaccord avec celles du gouvernement de Tours qui proposait, à l'exemple de tous les Français, l'héroïque résistance de Châteaudun, ne furent pas approuvées, hâtons-nous de le dire, par le préfet du Doubs. En sa qualité de président de la ligue de l'Est, M. Ordinaire télégraphiait le 14 au comité de défense de Gray qui avait protesté, du reste, contre l'ordre du préfet de Vesoul prescrivant le désarmement : « Gardez vos armes pour vous défendre à outrance, Garibaldi est arrivé ce matin. » Mais lorsque, quelques jours après, les Prussiens furent signalés sur la limite du département, les autorités locales n'y tinrent plus et se hâtèrent de se débarrasser de ces armes compromettantes.

Il en résulta que les Prussiens, n'ayant rien à redouter que quelques rares francs-tireurs disséminés dans les bois, réquisitionnèrent dans la riche Haute-Saône, le grenier de la Franche-Comté, jusqu'au dernier grain de blé et d'avoine.

Vesoul, après Lure, avait été occupé et le chef-lieu du département servait de centre de ralliement à toutes les troupes allemandes venant des Vosges et du Haut-Rhin. Du 19 au 20 on y signalait une vingtaine de mille hommes appartenant presque tous au duché de Bade et à la Bavière.

En même temps et sur un autre point les Prussiens s'avançaient jusqu'à Beverne dans la direction de Montbéliard ; mais ils se repliaient bientôt devant une démonstration d'une partie de la garnison de Belfort appuyée par les gardes nationaux.

Tandis que les Allemands envahissaient ainsi la Haute-Saône, on était assez incertain à Besançon de la route qu'ils allaient suivre. La population redoutait un siége, ou tout au moins l'investissement de la ville, et le conseil municipal se hâtait de faire des approvisionnements. Déjà un grand nombre d'habitants se réfugiaient sur les hauts plateaux du Jura ou en Suisse, tandis que d'un autre côté une foule de paysans de la vallée de l'Ognon et des environs se jetaient dans la ville amenant avec eux leurs bestiaux et leurs denrées.

La plupart des hommes de la Haute-Saône, de vingt et un à quarante ans, destinés à faire partie des mobilisés étaient patriotiquement venus à Besançon pour n'avoir pas à obéir aux corvées des Prussiens. Ils étaient au nombre de sept à huit cents ; les uns avaient des armes, les autres n'en avaient pas, mais tous apportaient avec eux des munitions et des vivres.

Besançon, étant emprisonné dans une étroite ceinture de murailles et déjà insuffisant pour abriter la population militaire et civile, se trouvait encombré par ce flot inattendu de bêtes et de gens. La municipalité crut que les circonstances l'autorisaient à disposer extraordinairement d'une église pour abriter le fourrage et les bestiaux, en attendant que des baraquements fussent prêts. Les vastes nefs de la Madeleine donnèrent asile à des animaux de boucherie, au grand scandale des faux dévots qui ne pardonnèrent pas ce sacrilége au maire, M. Fernier. Le curé de la Madeleine en appela de cette profanation à l'état-major qui, imbu des idées du régime impérial, donna raison au clergé, et le curé rentra presque par force dans son église, où une fête religieuse avec musique fut célébrée au milieu même des troupeaux mugissants. Lorsque quelques mois plus tard le maire de Besançon se présenta à la députation, ce sacrilége lui fut amèrement reproché par les feuilles cléricales qui pensèrent un moment faire sombrer sa candidature sous le poids de ce grief.

On croyait si bien à un investissement de la ville qu'un ordre du général de division prescrivait le renvoi de toutes les bouches inutiles, et que la préfecture, imitant le gouvernement central, s'apprêtait à envoyer une délégation à Pontarlier pour administrer de là le département dans le cas où toutes les communications seraient interceptées. En même temps on prenait des mesures pour organiser un service de pigeons et de ballons.

Mais les Allemands, laissant de côté Besançon, s'avançaient en plusieurs colonnes sur Gray, dans la direction de Dijon, en faisant sauter sur leur route les ponts et les tunnels. Partis de Vesoul de grand matin, le 21, ils y étaient remplacés presque aussitôt par un nouveau corps de dix-sept mille hommes.

Ce fut peut-être, comme on l'a dit, pour masquer le

passage des différents corps venant de Vesoul, qu'une colonne fit une pointe jusqu'à une dizaine de kilomètres de Besançon. Peut-être aussi était-ce pour sonder le terrain, pour se renseigner sur la force des troupes qui défendaient la ville, et essayer s'il y avait lieu de l'enlever par un coup de main.

Quoi qu'il en soit, le vendredi 23 octobre, de petites escarmouches avaient lieu entre Prussiens et francs-tireurs à proximité de Rioz. Tout auprès de Buthiers une compagnie du 16e chasseurs à pied, en reconnaissance, s'étant heurtée à des Prussiens, leur avait tenu tête pendant trois ou quatre heures. L'ennemi était alors arrivé avec de l'artillerie et avait commencé à tirer sur le village de Bonnay occupé par nos troupes. Quatorze maisons furent détruites. Buthiers subit ensuite le même traitement. Les Français s'étant retirés, l'ennemi entra dans ce dernier village au nombre de douze à treize cents hommes.

Le lendemain l'engagement devait être plus sérieux.

La vallée de l'Ognon, où depuis quelques jours passaient les troupes prussiennes, vient mourir au pied d'un contre-fort élevé qui la domine dans sa plus grande étendue, et qu'on appelle la côte de Chailluz. Le point culminant, au-dessus de la route qui conduit de Voray à Besançon, Châtillon, avait été occupé par le général Cambriels. Mais les quelques mobiles qui couronnaient la crête constituaient plutôt un poste d'observation qu'une véritable défense ; ils n'avaient pas avec eux d'artillerie. Cette magnifique position, si utile à la défense de Besançon, était cependant un des points que depuis le commencement de la guerre on signalait à l'autorité militaire comme devant nécessairement être fortifié, mais le génie croyait avoir assez fait pour la défense en plaçant quelques canons sur les vieux murs dont Vauban a entouré la ville. Les Prussiens, beaucoup mieux au courant que nous des positions stratégiques de la contrée et comptant sur notre ignorance et sur notre imprévoyance habituelles, pensaient probablement trouver inoccupées ces hauteurs qui, une fois en leur possession, compromettaient singulièrement Besançon ; mais par bonheur cette fois on les avait fait garder par quelques soldats.

Dès le matin nos troupes aperçurent dans la plaine deux mille Prussiens environ qui semblaient vouloir prendre position du côté d'Étuz, de Pin et de Voray. Leur artillerie se trouvait en avant d'un bouquet d'arbres près de la route de Gy, et l'infanterie occupait la droite et la gauche de cette route. Leurs renforts étaient cachés dans les bois.

Nous commençâmes à les attaquer vers neuf heures du matin.

Ce fut le 3e bataillon de la mobile des Vosges qui, descendu des hauteurs de Châtillon dans la plaine, eut l'honneur d'engager et de soutenir l'action.

Dix-huit pièces d'artillerie prussienne, qui dominaient l'Ognon, dirigeaient sur les mobiles un feu plongeant fort meurtrier. Mais nos troupes, appuyant dans la direction d'Étuz, s'abritaient derrière les haies et les clôtures du village.

La fusillade durait depuis cinq heures, lorsqu'un bataillon des Hautes-Alpes, envoyé pour soutenir les Vosgiens, essaya de déloger les ennemis qui avaient passé l'Ognon et s'étaient établis dans Cussey. Les Prussiens avaient placé des canons et des mitrailleuses en tête du pont, et l'enfilaient dans toute sa longueur. Malgré ce formidable appareil de défense, les soldats des Hautes-Alpes s'y précipitèrent à trois reprises différentes, mais les trois fois ils furent balayés. Le commandant, ne voulant pas faire massacrer entièrement ses hommes, donna l'ordre de se retirer dans les bois sur la droite. Ce que voyant, les Prussiens se mirent à la poursuite de nos soldats et enlevèrent au pas de course le village d'Auxon-Dessus.

Mais ils n'y demeurèrent pas longtemps. Un cri formidable : « A la baïonnette, à la baïonnette, » vint les glacer d'effroi : c'était un millier de zouaves du 2e régiment, arrivés directement d'Afrique, qui à leur descente de chemin de fer avaient été aussitôt, au débotté, dirigés de Besançon sur le champ de bataille. Ces soldats d'élite, qui n'avaient pas encore eu le temps de se démoraliser au contact de leurs camarades presque toujours battus, enlevèrent le village avec un entrain, une *furia* dont on était depuis longtemps déshabitué. On dit qu'ils tuèrent dans cette charge environ un millier de soldats prussiens. Déjà des bois qui couvrent les versants, ils avaient décimé des dragons badois qui essayaient de couper la retraite au bataillon des Hautes-Alpes.

Le bataillon des Vosges partagea avec les zouaves l'honneur d'enlever Auxon.

A peine ce brillant fait d'armes était-il accompli qu'enfin nous arrivait l'artillerie qui prenait position sur les hauteurs. Mais la nuit était venue et le combat dut se terminer. Comme il n'y avait guère à Besançon que des pièces de rempart, le général Cambriels avait été obligé de télégraphier à Belfort pour qu'on lui envoyât en toute hâte une batterie, mais ce renfort ne put être rendu sur les lieux que le lendemain matin, ainsi que deux escadrons de cavalerie qui venaient également de Belfort.

Le lendemain, qui était un dimanche, la route de Besançon à Saint-Claude, jusqu'à trois ou quatre kilomètres de la ville, offrait un curieux spectacle. La population des deux sexes avait choisi cet endroit comme but de promenade et les bourgeois se mêlaient aux soldats de toutes armes qui s'en allaient un à un ou par petits groupes et sans chef rejoindre leurs camarades depuis la veille devant l'ennemi.

La journée était belle et la satisfaction se peignait sur tous les visages, car on venait de lire en ville une dépêche annonçant que Bazaine était sorti de Metz à la tête de quatre-vingt mille hommes et qu'il coupait la retraite aux Prussiens. Un certain nombre d'ouvriers et de bourgeois, le fusil de chasse en bandoulière, marchaient d'un pas délibéré au milieu de la foule et s'efforçaient de faire croire qu'ils brûlaient d'envie de se mesurer avec l'ennemi ; mais les sceptiques qui s'amusaient à les suivre, les voyaient bientôt, lorsqu'ils avaient dépassé les premiers kilomètres, limite où s'arrêtait la foule, ralentir le pas et s'arrêter quand le bruit de la fusillade arrivait un peu distinctement à leurs oreilles.

L'action était engagée dès les sept heures du matin.

L'ennemi, déployé dans la plaine, semblait particulièrement menacer les deux extrémités de notre ligne à Pelousey, où il avait établi des batteries, et à Pouilley-les-Vignes. Cambriels, qui avait toujours peur de ne pas être en force, avait télégraphié dès le matin à Garibaldi d'amener quelques bataillons sur les derrières des Allemands ou sur son flanc droit. Garibaldi avait aussitôt donné des ordres de marche. Mais quand les francs-tireurs furent à proximité de Besançon, ils apprirent que tout était fini. Le chef italien, qui croyait qu'il s'agissait d'une véritable bataille, fut vivement désappointé : il avait fait quitter à ses troupes d'excellentes positions pour se porter au secours de Cambriels, et lorsqu'il revint en toute hâte pour les reprendre, elles étaient déjà occupées par l'ennemi.

Châtillon, vigoureusement attaqué, avait été défendu avec succès par la garde nationale du lieu, par les francs-tireurs bretons et par des soldats de l'infanterie de ligne.

A trois heures de l'après-midi le combat avait cessé, et les Prussiens se retiraient emmenant trente-sept voitures de blessés. Parmi leurs morts, dont on ne sut jamais le nombre, figurait un colonel badois.

L'artillerie, que la place s'était décidée à envoyer aux Rancenières et aux Trois-Croix, eut les honneurs de cette retraite. Cependant, à un moment, le succès de la journée faillit être compromis. Les Prussiens avaient disparu comme par enchantement. La fumée du canon dissipée, comme on ne voyait plus d'ennemis, on supposa qu'ils s'étaient repliés. Déjà les artilleurs remmenaient leurs pièces vers la ville, lorsque tout à coup, derrière eux, la canonnade et la fusillade éclatent en même temps. C'étaient les Prussiens qui, dissimulés dans un bois, avaient profité de cette imprévoyante retraite pour occuper les positions que notre artillerie quittait. Heureusement pour nous que leur impatience ne leur avait pas permis d'attendre notre éloignement complet. Nos artilleurs ramenèrent leurs canons au galop de leurs chevaux, et après quelques instants ils délogeaient l'ennemi et le rejetaient dans la plaine. On raconte que les artilleurs prussiens, établis sur la côte de Miserey, avaient déjà commencé à enclouer quelques-unes de leurs pièces qu'ils se voyaient obligés d'abandonner à nos soldats, lorsque les clairons français sonnèrent la cessation du feu. Grâce à cet incident heureux les Allemands purent emmener tous leurs canons.

Dans les deux journées, où l'action eut pour principal théâtre les villages de Voray et de Cussey-sur-l'Ognon, furent engagés, outre les troupes dont nous avons déjà fait mention, le 85e de ligne et quelques compagnies franches, parmi lesquelles nous citerons les francs-tireurs bretons et la *légion dauphinoise* des francs-tireurs de l'Isère dont un des soldats fait prisonnier fut pendu par les Prussiens.

Le bataillon des Vosges eut pour sa part trois cents hommes tués, blessés ou disparus dans le combat, dont douze officiers. Le bataillon des Hautes-Alpes, armé de fusils à piston, perdit une centaine d'hommes dans sa belle attaque du pont de Cussey.

Le commandant des mobiles des Vosges ayant reçu une balle dans le ventre tomba aux mains des Prussiens. Le commandant des mobiles des Hautes-Alpes fut fait également prisonnier, mais en voulant traverser l'Ognon à la nage.

Malgré l'avantage évident que nous avions remporté, comme cependant les Allemands nous avaient rejetés en deçà de l'Ognon, ils s'attribuèrent la victoire. Voici la dépêche qui fut envoyée par eux au grand-duc de Bade : « Le 22, combat sur la rivière de l'Ognon, à Voray, Étuz, Cussey, Auxon et Geneuil. L'ennemi a été rejeté en arrière avec une grande perte sur toute la ligne. De notre côté, la perte est de sept morts et trente-huit blessés. Nous avons fait prisonniers, non blessés, treize officiers et environ deux cents hommes. La tenue de nos troupes a été excellente. »

Après ces deux engagements où les mobiles montrèrent une grande solidité, on comprit encore moins qu'auparavant pourquoi le général Cambriels avait abandonné les magnifiques positions des Vosges. Puisque ses soldats tenaient si bien en plaine, à plus forte raison eussent-ils bien tenu dans des défilés, derrière des rochers et dans les bois.

Le colonel Perrin, que nous avons déjà vu à Raon et à Épinal, avait commandé les troupes le samedi et le dimanche. Le général Crouzat s'était aussi montré sur le champ de bataille. Quant à Cambriels, il ne quitta guère, pendant l'action, son quartier général de Saint-Claude.

§ II.

Malgré le succès de cette défense des approches de Besançon, Cambriels n'eut pas l'idée de profiter du nombre assez considérable de troupes qu'il avait sous la main (trente à quarante mille hommes) pour barrer le passage aux Prussiens qui continuaient à suivre par petits corps détachés la vallée de l'Ognon ou pour écraser au moins les sept à huit mille hommes qui venaient de faire cette démonstration devant Besançon. Rien cependant n'était plus facile, en s'entendant avec Garibaldi. Le chef italien le proposa au général français, mais celui-ci refusa en prétextant les « nécessités de la situation. » C'était en vertu des mêmes « nécessités, » sans doute, que tandis que les arsenaux de la ville étaient pleins de munitions, on en laissait manquer presque totalement les troupes de Garibaldi.

Tout au moins Cambriels aurait-il pu organiser ses courageux mobiles des Vosges ou des Hautes-Alpes, ou les zouaves qui s'étaient si bien battus dans la journée du 23, en petits détachements de guérillas pour harceler l'ennemi, lui enlever ses convois ou le détruire en détail. Tandis que la garde nationale de Besançon, dont une partie était exercée au tir du canon, aurait gardé la ville, pourquoi toute « l'armée des Vosges, » formant des colonnes mobiles, ne se serait-elle pas portée au-devant des Prussiens qui n'étaient guère que quinze à vingt mille, pour leur défendre l'entrée de la Haute-

Saône ou pour les couper en arrière? Avec une ligne de retraite assurée comme elles l'avaient sur Besançon, Langres ou Auxonne, on se demande ce que ces colonnes eussent eu à redouter!

Le brave capitaine Huot, des francs-tireurs du Doubs, qui battait l'estrade avec une compagnie de trente à quarante hommes, était un bel exemple des résultats presque invraisemblables que peut produire cette guerre de partisans intelligemment conduite. Toutes les semaines ce chef justement populaire faisait des entrées triomphales à Besançon, ramenant des prisonniers, des chevaux, des voitures de munitions ou de vivres pris à l'ennemi.

Mais, sous prétexte de vouloir instruire et exercer ses troupes, le général Cambriels laissa dans les environs de Besançon l'armée des Vosges livrée à l'oisiveté et à l'indiscipline la plus scandaleuse. Les soldats, presque continuellement ivres, traitaient la banlieue de la ville en pays conquis et brûlaient jusqu'aux portes et escaliers des maisons où ils étaient logés. Plusieurs incendies eurent lieu, dont ils furent accusés. Partout ils laissaient des fusils, des biscuits, des paquets de cartouches qu'on venait rapporter à l'hôtel de ville.

Pendant que vingt à trente mille hommes campaient ainsi inactifs sous les murs de Besançon, le flot des Prussiens continuait à envahir la Haute-Saône. A Vesoul, ils avaient fait prisonnier le préfet et l'avaient remplacé par un administrateur allemand. En même temps ils emmenaient comme otages plusieurs personnages influents du pays, parmi lesquels le romancier Xavier de Montépin, maire de Frotey-les-Vesoul. Le marquis d'Andelarre, dénoncé, bien à faux, comme chef de francs-tireurs, avait vu son château mis au pillage ; arrêté avec son gendre, ils avaient failli tous les deux payer de leur vie cette dénonciation.

Depuis le 22, douze cents hommes occupaient Montbozon et Fontenay et réquisitionnaient dans tous les villages environnants. On les signalait à Vellefaux avec de l'artillerie et de l'infanterie ; à Vorchamps, près Larians ; à Loulans, près Cendrey ; à Marnay, et un nouveau corps de dix-sept mille hommes arrivait à Vesoul.

Du côté de la vallée du Doubs, à Baume, on s'attendait à chaque instant à les voir paraître, et l'on redoutait d'autant plus leur arrivée que le Col de Grange-Corcelle n'étant pas gardé, ils auraient pu avoir facilement accès par là sur le plateau de Marchaux et se porter à l'improviste sur Besançon. Les mobiles et la garde nationale s'apprêtaient à les recevoir, mais les reconnaissances ennemies ne dépassèrent pas le bourg de Rougemont.

Harcelés par des francs-tireurs répandus dans les bois, et parmi lesquels se distinguaient, entre tous, les hommes commandés par le capitaine Huot, les Prussiens s'avançaient assez timidement et en s'informant soigneusement de la présence des *partisans* qu'ils redoutaient par-dessus tout.

Dans ces conjonctures l'ancien capitaine d'artillerie Perrin qui avait été nommé par Gambetta colonel à titre auxiliaire, et dont nous avons déjà eu occasion de parler, essaya, à la tête de cinq à six mille hommes, de reprendre en sous-œuvre l'opération manquée de Cambriels et de se jeter dans les Vosges. Mais la difficulté était de parvenir jusqu'aux montagnes, surtout avec une connaissance à ce point imparfaite du pays, que pour se diriger sur les Vosges par Baume, le colonel Perrin voulut à toute force passer à Rougemont. Aussi rencontra-t-il bientôt les Prussiens, en nombre, un peu au delà de Lure, et fut-il obligé d'abandonner immédiatement ses projets et de se rejeter dans la vallée du Doubs sur Lisle et Clerval. On n'a jamais su au juste si le colonel Perrin avait eu réellement l'intention bien arrêtée d'exécuter le plan qu'il avait entrepris. Hâbleur, comme la plupart des Méridionaux, se vantant d'avoir à lui seul sauvé Besançon des Prussiens, il se donnait comme grand ami de Gambetta qui, disait il, lui avait écrit : « Prends cinq ou six mille hommes et va où tu voudras. » Et il était parti pour les Vosges. Ses soldats, des Corses et des mobiles à qui il faisait faire des marches forcées sans motif apparent et qu'il conduisait en les frappant, dit-on, d'un bâton de houx dont il ne se séparait jamais, le détestaient et avaient par surcroît ses talents militaires en fort médiocre estime. Aussi demeuraient-ils en masse dans les ambulances. Arrivé seulement à Rougemont, il y laissait trente-six malades. Après avoir séjourné quelques jours dans la vallée du Doubs où la batterie de pièces de montagnes qu'il avait avec lui aurait pu rendre encore des services, il finit ses expéditions en faisant prendre le chemin de fer à ses troupes et les ramena à Besançon. Il y fut fort mal accueilli par le général Michel [1] qui venait de remplacer Cambriels.

Ce général, qui, au début de la guerre, avait fait partie de l'armée de Mac-Mahon et s'était distingué à Reichsoffen, ne demeura pas longtemps à la tête de l'armée de l'Est. On le disait républicain.

Après avoir envoyé un officier d'état-major étudier la situation pour savoir s'il y avait encore quelque chose à tenter du côté des Vosges, sur le rapport qui fut fait, on décida l'abandon définitif de ce massif de montagnes, et *l'armée des Vosges* partit pour se fondre dans celle de la Loire.

Du même coup le ministère supprima le commandement régional de l'Est, et le général Michel reçut une autre destination.

1. Ce général était arrivé le 1er novembre à Besançon, venant de Tours. C'était un des officiers supérieurs qui avaient refusé de capituler à Sedan. A la tête de trois mille cavaliers il s'était élancé à travers les lignes prussiennes et avait réussi à se faire jour le sabre à la main.

CHAPITRE IV.

Les Prussiens s'emparent de Dijon. — Résistance de la garnison et de la garde nationale.

Les Prussiens, complétement maîtres de tout le pays qui s'étend depuis l'Allemagne jusqu'aux départements du Doubs et de la Côte-d'Or, où personne ne songeait plus à les inquiéter, essayèrent de se porter en avant, soit pour occuper les positions qui commandent la vallée de la Saône et du Rhône, soit pour rejoindre leurs armées qui opéraient dans le bassin de la Loire. Pour ce but il fallait qu'ils s'emparassent de Dijon. A ce moment, Garibaldi était dans le bois de Serre, en avant de la forêt de Chaux, avec sa petite armée qu'il avait beaucoup de peine à recruter, entravé à tout instant par le mauvais vouloir des officiers supérieurs, par le peu de bienveillance que lui témoignait le gouvernement de Tours et par l'hostilité sourde ou directe que le clergé entretenait contre lui au sein des populations. Malgré ses demandes incessantes d'argent, de chassepots, de canons, et même simplement de cartouches, il ne pouvait rien obtenir, et l'ennemi, en forces supérieures, s'approchait toujours davantage de Dijon. Garibaldi, avec ses troupes insuffisantes mais auxquelles il savait par instant inspirer son courage, les arrêta autant qu'il put entre Dôle et Pontaillier-sur-Saône. Il les avait même attirés un moment entre la Saône et l'Ognon, dans un pays où on aurait pu les cerner et les prendre comme en un filet ; mais ce fut en vain qu'il demanda du renfort à Cambriels et au commandant d'Auxonne, il n'en put rien obtenir. Seul, il n'était pas en mesure de les écraser, n'ayant qu'un petit nombre d'hommes et dénué presque complétement de munitions. Mais le bruit courait que si les Allemands marchaient sur Dijon, ils se heurteraient à une énergique résistance.

Dès le 23 octobre, le département de la Côte-d'Or, résolu à se défendre, avait sollicité du ministère de la guerre des forces pour s'opposer aux envahisseurs. Sur l'ordre de la délégation de Tours, le général Bressolles, commandant à Lyon, avait envoyé à Dijon toutes ses troupes disponibles. En même temps il avait remplacé le docteur Lavalle, chef des mobiles et des mobilisés, président du comité de défense, et qui avait perdu la tête à l'approche du danger, par le colonel Fauconnet, homme d'énergie et de courage. Le colonel arrivait à son poste le 27 à quatre heures du matin. Lavalle, après un engagement à Talmay, s'était retiré sous Auxonne et de là sur Beaune. Le colonel se porta vers Pontaillier d'où il se replia bientôt à son tour sur Dijon en ramenant quelques troupes débandées du commandant Lavalle.

Quand le comité de défense dijonnais eut la conviction que la situation était réellement sérieuse et qu'on allait en venir aux mains, son ardeur belliqueuse se calma immédiatement; de telle sorte qu'après discussion il fut décidé qu'on ne se défendrait pas dans la ville, mais seulement à 3 kilomètres en avant. La garde nationale fut désarmée, ses munitions lui furent enlevées pendant la nuit et les mobiles, qui formaient la garnison, furent envoyés à Beaune. Le colonel Fauconnet, qui avait réussi à rallier quatre compagnies des mobilisés de Lavalle, devant le refus formel du comité de défense et de la municipalité, qui ne voulaient pas entendre parler de résistance à l'intérieur de la ville, fut obligé de se replier lui aussi sur Beaune. Là les soldats, une fois ralliés, demandèrent à retourner au feu et, en même temps, des gardes nationaux, surexcités par l'approche de l'ennemi qu'on signalait aux faubourgs de la ville seulement au nombre de cinq mille hommes, s'emportaient contre la municipalité et déclaraient résolûment qu'ils voulaient se battre.

Le 29, la population dijonnaise, assemblée sur la place d'armes, prenait solennellement l'engagement de se défendre contre l'ennemi.

Le colonel Fauconnet, rappelé de Beaune, rentra à Dijon avec seize cents hommes de bonnes troupes, huit cents hommes du 90e de ligne, autant du 71e, quelques mobiles, des francs-tireurs et une compagnie du 6e chasseurs à pied. Il comptait en arrivant sur quatre mille gardes nationaux. Mais, comme nous l'avons dit, la garde nationale avait été désarmée et ses fusils envoyés à Beaune. Le comité de défense avait même expédié tout ce qui se trouvait à Dijon de troupes régulières ou irrégulières sur Nevers, Lyon et jusqu'à Clermont-Ferrand ! Néanmoins, les gardes rurales des environs arrivaient pour défendre la ville; on réarmait tant bien que mal les citoyens; le préfet, le maire demandaient du secours à Garibaldi, à Cambriels, au commandant de place d'Auxonne, et l'on se jurait de combattre avec l'énergie du désespoir.

Le 29 au soir, M. Dazincourt, préfet de la Côte-d'Or, dans une proclamation affichée sur les murs de la ville, déclarait aux Dijonnais que l'armée allemande ne devait leur inspirer aucune frayeur, qu'il ne s'agissait que de quelques centaines de pillards prussiens « qui ne s'étaient fait reconnaître que par la semelle de leurs souliers. »

Le lendemain matin, 30, l'action s'engageait à Varois. A ce moment le préfet, mieux renseigné sur le nombre des assaillants, télégraphiait à toutes les stations du département de Saône-et-Loire et sur toute la ligne de Lyon : « On se bat aux abords de Dijon, à Varois, et Couternon; réunissez vos gardes nationaux ayant des armes et des munitions, et envoyez-nous des secours. »

L'ennemi se rapprochait toujours de Dijon. Vers midi, il tenait les hauteurs de Fontaine et de Montmuzard, qui dominent la ville, et il ne tardait pas à s'emparer de la Boudrenci, des Petites-Roches, vaillamment défendues pied à pied, et enfin, vers quatre heures, il commençait à bombarder la ville et à occuper les faubourgs. A ce moment, et bien que la garde nationale et quelques bataillons du 71e et du 90e de ligne opposassent une vigoureuse résistance, le drapeau parlementaire fut arboré au-dessus de la tour centrale. Mais trois ou quatre fois il fut abattu à coups de fusil par les gardes nationaux exaspérés et décidés à se battre à outrance.

Le colonel Fauconnet avait été mortellement blessé. Avant d'expirer il avait eu le temps d'écrire au maire : « La défense est désespérée, il faut se rendre. » C'est alors qu'on avait hissé le drapeau blanc. Mais, comme nous venons de le dire, un petit noyau d'héroïques combattants, sans commandant, sans chefs, continuaient la lutte. Ils finirent par se trouver cernés. Treize francs-tireurs du Rhône se battaient encore dans le cimetière deux heures après que la ville avait capitulé.

Environ trois cents de ces braves qui avaient fait une si belle résistance contre des forces bien supérieures étaient restés sur le carreau. Mais l'ennemi avait subi des pertes au moins doubles.

La ville fut imposée à 500,000 fr. « pour la garantie de la nourriture, du logement et au besoin de l'équipement d'un corps de quatre-vingt-dix mille hommes, » qui, au dire des vainqueurs, devait passer par Dijon pour se rendre à Lyon.

Le commandant Lavalle, dont la folle terreur avait été la principale cause de la mauvaise défense de la ville, fut dirigé sur Lyon pour y passer devant un conseil de guerre. Cambriels, bien plus coupable que lui, ne fut pas inquiété. Et cependant sollicité à plusieurs reprises par les autorités et par le comité de défense de Dijon, il n'avait pas bougé!

Le préfet était parti pour Beaune au moment où la ville fut prise. Lorsque plus tard il rentra dans Dijon, il fut fait prisonnier et emmené en Allemagne.

Les Prussiens, en occupant le chef-lieu de la Côte-d'Or, se trouvaient complétement maîtres de leurs mouvements; ils pouvaient se porter sur Lyon, ou bien s'emparer de Chagny, du Creusot et de la ligne de Nevers. Par le fait ils tenaient tout le pays jusqu'à Orléans. Dijon et Bourges sont situées en effet à peu près à la même hauteur, et l'Yonne et la Loire ne peuvent compter comme des obstacles stratégiques. Le corps de Werder était à ce moment en relations presque directes avec celui de Von der Thann, qui occupait Orléans, et ils pouvaient se donner d'autant plus aisément la main qu'entre eux il n'y avait que des troupes cent fois battues, démoralisées et incapables d'une sérieuse résistance.

Une fois en possession de cette belle situation, les Allemands interrompirent pour un moment leur mouvement en avant. Metz venait de capituler et de mettre par conséquent de nouvelles troupes à la disposition de M. de Moltke. Ils occupaient de riches pays où l'existence était facile; rien ne les obligeait de se hâter; ils pouvaient attendre patiemment et user, sans coup férir, le peu d'énergie qui restait aux malheureux soldats français qui campaient, par le froid et la pluie, en plein air, afin de ne pas surcharger les populations, tandis qu'eux, à l'abri, chaudement vêtus et bien nourris, semblaient vouloir prendre dans les villes leurs quartiers d'hiver.

DEUXIÈME PARTIE.

GARIBALDI

CHAPITRE PREMIER.

Composition des forces commandées par Garibaldi. — Sa proclamation. — Les gardes nationales s'empressent pour la plupart de renvoyer leurs fusils à l'approche de l'ennemi. — Sermons des curés contre le héros italien.

Depuis que l'armée de Cambriels s'était fondue dans celle de la Loire, Garibaldi restait seul investi du commandement d'un corps composé de volontaires de tous les pays, de mobiles et de francs-tireurs, qu'on persistait à appeler « Armée des Vosges, » bien qu'on eût renoncé à disputer les montagnes à l'ennemi.

Rien de plus hétérogène que la composition de cette armée, ramassis sans cohésion de soldats de toutes armes et de toutes nationalités. On y trouvait, comme principal noyau, des mobiles des Pyrénées-Orientales, des Basses-Pyrénées, des Basses-Alpes, des Alpes-Maritimes, une compagnie génoise, deux légions de volontaires italiens, une légion espagnole et des francs-tireurs de partout : francs-tireurs d'Oran, commandant Cruchy ; francs-tireurs de Colmar, commandant Eudeline ; enfants perdus de Paris ; guérilla d'Orient, commandant Chenet ; francs-tireurs de la Loire, commandant de la Berge ; corps auxiliaire du génie, commandant Jules Garnier ; francs-tireurs de la Croix de Nice ; francs-tireurs d'Alger, de la Côte-d'Or, de l'Isère, de la Franche-Comté, commandant Olivier Ordinaire ; francs-tireurs de Saône-et-Loire, commandant Vital ; compagnie du Croissant ; éclaireurs du Rhône, commandant Lhoste ; guérilla marseillaise ; égalité marseillaise, etc., etc. Les trois quarts de ces soldats, comme le disait Garibaldi, n'avaient jamais tiré un coup de fusil. Les meilleures troupes étaient la compagnie génoise, dont les hommes avaient pour la plupart fait les campagnes d'Italie avec lui, et les quelques compagnies de francs-tireurs, comme ceux de Colmar, où il y avait bon nombre d'anciens militaires. Son artillerie, en ce moment, ne consistait qu'en une batterie de montagne. En somme, il n'y avait guère, dans cette foule, que TROIS MILLE HOMMES sur lesquels on pût compter [1].

Le célèbre chef ne négligeait rien pour aguerrir ses troupes et pour remonter en même temps le moral des populations. Voici la proclamation qu'il adressait, le 1er novembre, aux maires de l'arrondissement de Dôle :

« Le désarmement de la garde nationale dans les villes et les villages est une honte ; et maintenant qu'un décret du gouvernement de la défense impose aux habitants de se défendre, ce désarmement devient une infraction aux lois, très-condamnable. Un petit nombre

1. A. Marais. *Garibaldi et l'armée des Vosges en Saône-et-Loire.*

d'hommes mal armés et mal équipés ne sont pas obligés de combattre contre des armées régulières; mais ces mêmes hommes, nationaux ou autres, se rappelant qu'ils appartiennent à une nation qui ne pliera jamais le genou devant l'étranger, doivent, à l'approche d'un ennemi supérieur, se retirer dans leurs bois et leurs forêts avec leur bétail; et, comme ils sont du pays, harceler, sinon les francs corps, au moins les éclaireurs ennemis qui marchent en petit nombre et qui sont d'autant plus pillards qu'ils sont moins dérangés dans leurs excursions.

« Nous ne verrons plus, de cette manière, une douzaine de uhlans parcourir un pays immense et faire des déprédations chez les habitants.

« GARIBALDI. »

Ce langage patriotique ne plaisait pas beaucoup aux populations opposées en général à la résistance. Garibaldi devenait de plus en plus un embarras; et, comme le disait Bordone dans une de ses lettres au préfet du Doubs, pour la plupart des généraux et officiers, il tendait à devenir « un remords. »

Le gouvernement de Tours avait cependant recommandé vivement aux villes ouvertes, d'imiter l'exemple de Châteaudun, et aux gardes nationales d'opposer à l'ennemi toute la résistance possible. Malheureusement, sauf de très-rares exceptions, ce fut avec le plus triste empressement que les gardes civiques renvoyèrent leurs fusils de peur des représailles ennemies. C'est par centaines qu'il faudrait enregistrer des faits de ce genre;

nous en citerons seulement quelques-uns et qui se rapportent au moment de la guerre où nous sommes arrivés dans notre récit.

Le conseil municipal de la commune de Valentigney, arrondissement de Montbéliard, aussitôt que l'ennemi fut signalé à une assez grande distance encore du village, prit la délibération suivante :

« Le conseil municipal, considérant que les communes de *Montbéliard*, *Audincourt*, *Seloncourt* et autres, ont retourné les fusils reçus du gouvernement à l'effet d'armer les gardes nationales sédentaires, attendu que Valentigney, laissé à lui seul, ne peut avoir la prétention de lutter contre les troupes prussiennes qui ont envahi l'arrondissement de Montbéliard ;

« Considérant qu'une tentative de défense avec cent fusils n'aboutirait qu'à la mort de quelques pères de famille ou à la destruction du village ;

« Délibère :

« Après s'être concerté avec les officiers de la garde nationale, que les cent fusils destinés aux citoyens de la garde sédentaire seront expédiés à Saint-Hippolyte, où le sous-préfet a transféré l'administration de l'arrondissement.

« Ont signé tous les membres de la commission municipale et le maire. »

Nous ajouterons que la commune de Valentigney avait été des premières à réclamer à Besançon l'armement de sa garde nationale.

Le même jour, le maire de Voujeaucourt renvoyait aussi à Saint-Hippolyte les fusils de sa commune, sous prétexte qu'en entrant à Montbéliard l'ennemi avait pris et brisé les armes de la garde nationale.

Dans un ordre de faits analogues, nous citerons encore les municipalités de Vauclusotte et d'Orgeans, deux communes des plateaux, qui refusèrent leur concours aux travaux de défense organisés à l'approche de l'ennemi. Du reste, la plupart des paysans ne voulurent jamais consentir à amener leurs fourrages ou leur bétail à la ville, comme on les en avait suppliés tant de fois. Ils disaient naïvement : « qu'il leur fallait bien au moins garder quelque chose pour les Prussiens, qui brûleraient les maisons s'ils ne trouvaient rien à manger. »

C'est le même esprit d'intérêt matériel qui poussait neuf communes de l'arrondissement de Montbéliard à s'*abonner* avec le commandant prussien, pour éviter les réquisitions. Les populations avaient si peu conscience, en agissant ainsi, de leur manque de patriotisme, qu'elles s'indignaient franchement contre les maires qui, comme celui de Saint-Julien, refusaient de s'associer à ce honteux marché. Le maire de Montbéliard, qui en avait pris l'initiative, dut à cette combinaison une popularité qui dure encore. Pour ce marché, les contributions foncières de chaque localité servirent comme bases de répartition entre les communes. On convint de fournir à l'armée prussienne 90 miches de pain par jour, 12,000 kil. de paille et 6,000 kil. de foin par mois. Les maires qui se refuseraient à la fourniture devaient être signalés au général prussien, qui enverrait ses soldats piller leurs communes.

Les Prussiens n'avaient qu'à menacer pour être obéis, et ils n'y manquaient pas, comme le prouve la proclamation suivante de Werder :

« Il est porté à la connaissance du public qu'à partir de ce jour est entré en vigueur, dans le département, l'état extraordinaire de justice militaire prussien. Ces dispositions sont applicables :

« A ceux qui sciemment prépareraient un *danger* ou un *désavantage* aux troupes de l'armée allemande, et qui, de propos délibéré, rendraient service à l'armée ennemie.

« Il s'ensuit que la peine de mort sera encourue par toutes les personnes qui, ne faisant pas partie de l'armée ennemie :

« (*A*) Font de l'espionnage pour l'ennemi, ou qui accueillent et cachent des espions, ou qui leur viennent en aide ;

« (*B*) Qui, de leur propre chef, conduisent des troupes ennemies, ou qui, en leur qualité de guides, conduisent de propos délibéré nos troupes par de fausses routes;

« (*C*) Qui, par vengeance ou dans des intentions de lucre, tuent, blessent ou dépouillent sciemment nos troupes ou les personnes appartenant à leur suite;

« (*D*) Qui détruisent des ponts ou des canaux, qui interrompent le service des chemins de fer ou des télégraphes; qui rendent les chemins impraticables; qui mettent le feu aux approvisionnements de guerre, de bouche ou autres destinés au service militaire, ou enfin aux bâtiments occupés par des troupes;

« (*E*) Qui portent les armes contre les soldats de l'armée allemande;

« Chacun donc qui sera pris les armes à la main sera fusillé. Toutes les armes sont à livrer immédiatement sous peine de punition sévère.

« *Le général commandant le 4e corps d'armée :*

« DE WERDER. »

Garibaldi avait donc fort à faire pour réveiller un peu le patriotisme des populations franc-comtoises, et l'on s'explique qu'il ait pu répondre à quelqu'un qui lui reprochait son inaction : « Si je n'avais rien fait, j'aurais eu tout le monde avec moi; et j'étais presque seul. » La plupart de ceux, en effet, qui voulaient sérieusement se battre, étaient abandonnés, quand ils n'étaient pas trahis. Et c'est évidemment encore plus à son courage bien connu qu'à ses idées anti-religieuses que Garibaldi doit d'avoir rencontré une si vive opposition auprès du clergé, qui dès le commencement de la guerre, sauf de rares exceptions, avait prêché la non-résistance. Le héros italien personnifiant la lutte à outrance et surtout la lutte de partisans, de GUÉRILLAS, la guerre de buissons et de villages, on comprend que certains prêtres qui ne craignaient pas, du haut de la chaire, de recommander à leurs paroissiens d'aller au-devant des Prussiens les mains pleines de présents, et de leur ouvrir toutes grandes les portes de leurs caves et de leurs greniers, on comprend que ces mêmes prêtres aient été jusqu'à mettre à prix la tête de l'illustre chef.

Le curé de Cernans (Jura), dans un de ses sermons, qualifiait dans ces termes ce défenseur de la France :

« Le plus grand de nos maux ; celui qui excite le plus la colère céleste ; cet homme sans génie, sans foi, sans religion, ce voleur de grande route qui le premier osa porter la main sur les biens de notre Saint-Père ; fils de Satan, excommunié, etc. » Arrêté par des soldats de l'armée des Vosges, ce prêtre fanatique déclara à Garibaldi lui-même qu'il avait excité ses paroissiens à le tuer. Quand le gouvernement de Tours fut informé de l'affaire, il envoya une dépêche pour qu'on mît immédiatement le curé en liberté.

Le curé de Lantenay refusait la sépulture à un officier garibaldien tué aux alentours de Dijon pour la défense de la France !

Le curé d'Athesan s'exprimait ainsi du haut de la chaire sur le héros italien :

« C'est une bête féroce échappée de l'enfer, avec une légion de diables. Voyez-le brandissant son épée rougie du plus pur sang chrétien, traînant à sa suite ses démons et les francs-tireurs *qui ne valent pas mieux ;* envahissant de nuit la demeure des évêques [1], fouillant leurs lits à coups de baïonnettes, brisant les grilles

1. Allusion à l'affaire d'Autun. Il a été suffisamment répondu à cette calomnie.

des couvents, ÉGORGEANT LES FILLES DU SEIGNEUR, etc! »

Les prêtres, comme nous l'avons dit, ne se bornaient pas à calomnier le chef italien et à lui susciter des dangers, souvent ils faisaient cause commune avec les ennemis et engageaient les paysans à les bien recevoir. Les curés de Teligney, de Levier, de Liesle, de Lombard se signalèrent par leurs prêches anti-patriotiques. Les jésuites de Dôle, que Garibaldi soupçonnait de faire de l'espionnage, furent éloignés par lui pour ce motif, et encore cette mesure fut-elle prise dans leur intérêt, car la population, exaspérée de certains signaux qu'on apercevait au mont Roland, aurait pu faire à ces indignes Français un très-mauvais parti. Presque tous les curés des campagnes, à différents degrés, s'appliquaient depuis le commencement de la guerre à décourager les populations en répandant de fausses nouvelles, en exagérant nos désastres, etc. Quelques-uns entretenaient des relations à peine dissimulées avec Chambord qui, dès le début, avait fait son apparition dans le Jura.

Les trop rares arrestations qui ont été faites de quelques-uns de ces prêtres indignes, ont été le plus grand grief des cléricaux contre Garibaldi.

Ce qu'il y a de déplorable, c'est que les chefs militaires, qui de tout temps ont fait alliance avec le clergé, en vertu du principe que tous les despotismes doivent s'entendre, prêtaient la main à ces tentatives des prêtres contre le héros de Caprera. Le général Bonamy, à Besançon, ayant appris que le curé de Liesle était menacé d'arrestation pour prêches anti-patriotiques et pour excitation à l'assassinat de Garibaldi, écrivait, à la date du 11 novembre, au maire de cette commune « de s'opposer de tout son pouvoir à cette arrestation, » et ajoutait : « Si on tente de la faire, la gendarmerie vous prêtera au besoin main-forte. »

CHAPITRE II.

Investissement de Belfort. — Occupation de Montbéliard. — La rive gauche du Doubs choisie comme ligne de défense. — Ordre donné à Garibaldi d'abandonner ses positions sur la Saône et sur l'Ognon, pour garder les défilés du Morvan. — Première affaire de Nuits.

La capitulation de Metz, en mettant de nouvelles forces à la disposition des généraux prussiens, leur permettait de tenter quelque nouvelle entreprise.

Ils résolurent de s'emparer de Belfort pour mieux assurer leurs derrières, et en cas de retraite pour avoir une place forte capable de les soutenir.

Belfort, situé dans la basse plaine d'Altkirch, commande toutes les routes qui, du Jura et des Vosges, conduisent dans le centre de la France. Le siége de cette forteresse est très-difficile ; des forts détachés à une grande distance empêchent l'ennemi d'avancer. Il ne pouvait donc être question d'abord que d'investir la ville.

Le 2 novembre l'ennemi se présenta en vue de la place. Voici la dépêche qu'envoyait à cette date le colonel Denfert à Tours et au général Michel à Besançon :

« L'ennemi s'est présenté aujourd'hui pour commencer l'investissement aux deux points où je l'attendais, à Grosmagny et à Roppe. M. Keller n'a pas effectué le mouvement que je lui avais indiqué en dernier lieu hier au soir pour se replier sur Belfort, et qui lui aurait permis d'inquiéter l'ennemi dans sa marche de Santheim sur Lauvo, Rougemont [1] et Grosmagny. Dans ce parcours, l'ennemi n'a rencontré d'autre résistance que celle des gardes nationaux sédentaires, près de Rougemont, où il est entré à neuf heures et demie du matin. Il a abordé Grosmagny vers onze heures avec deux pièces d'artillerie. Le bataillon de la Haute-Saône, qui occupait cette position, n'a soutenu la lutte que pendant une heure et demie et s'est replié sur Belfort avant que les deux compagnies des mobiles des Vosges, rappelées de Saint-Maurice, aient pu arriver pour lui prêter main-forte [2]. Les deux compagnies ont pu cependant rentrer à Belfort. Une autre colonne ennemie, venue par la Chapelle sous Rougemont, a attaqué le village de Roppe vers une heure ; le bataillon des mobiles du Rhône, qui occupait cette position, l'a vigoureusement défendue. L'ennemi n'a pu occuper le village, et on prétend qu'il a eu au moins cent cinquante hommes hors de combat, dont un officier supérieur. Les pertes de

1. Ne pas confondre avec un autre village de Rougemont près Baume.

2. Une dépêche prussienne annonçait partout qu'à Rougemont jusqu'au Petit-Magny, les Français avaient laissé *cent trois morts dont cinquante officiers!*

notre bataillon sont de quelques hommes tués et blessés seulement. » — Dans une précédente dépêche, le colonel annonçait au général à Besançon, que M. Keller, le HÉROS clérical des Vosges, avait *demandé lui-même* à se *replier* le long du pied des montagnes par Laurie, Rougemont et Etueffont. De cette façon la vallée de Saint-Amarin et le col de Bussang qu'il devait couvrir, se trouvaient abandonnés.

Le 4, l'investissement de Belfort était complet. Les Prussiens, au nombre de deux mille hommes avec cinq ou six canons, occupaient Moval et Sevenans où s'installait leur état-major dans le château Saglio. Mais un obus du fort des Perches, à sept kilomètres, étant arrivé un jour jusque dans le jardin, ils se hâtèrent de l'abandonner.

Les francs-tireurs qui ne s'étaient pas jetés dans la place, se repliaient en désordre sur Delle, ainsi que les gardes mobiles et le 45e de ligne, qui étaient refoulés au delà de Montbéliard. Les douaniers évacuaient Blamont et Villars-les-Blamont, et des éclaireurs prussiens entraient jusqu'à Hérimoncourt.

Un parlementaire allemand, une fois la place investie, vint en demander la reddition au colonel Denfert, menaçant si sa proposition était refusée de bombarder la ville. En même temps, en guise d'avertissement, le village de Neplace était incendié. Les travaux d'approche, immédiatement commencés, étaient poussés avec vigueur, les Prussiens forçant les paysans à travailler aux tranchées.

Tandis que l'ennemi entourait la place, il envoyait

une forte colonne en avant pour s'emparer, en tournant Belfort, de l'importante position stratégique de Montbéliard, grâce à laquelle Belfort étant bloqué, les Allemands étaient maîtres de toutes les routes qui débouchent dans la vallée de la Saône et du Rhône. La garde nationale de Montbéliard, décidée un instant à résister, abandonna son projet, lorsqu'elle vit se replier la garde mobile qui occupait la ville. Le 8, au matin, trois mille Prussiens y faisaient leur entrée et se retranchaient sans perdre une minute dans le château. Ils essayèrent même de relever la citadelle, démantelée en 1674 par le maréchal de Luxembourg, mais ils durent y renoncer.

Par l'investissement de Belfort et l'occupation de Montbéliard, le pays depuis l'Allemagne était complétement purgé de troupes françaises, et les Prussiens de Trescow donnaient la main à ceux de Werder qui occupaient la Haute-Saône et la Côte-d'Or jusqu'à Dijon. A ce moment, la vallée de l'Ognon ayant été abandonnée, le Doubs était la seule ligne de défense qui restât en notre possession. Les mobiles du Doubs et les francs-tireurs occupaient toute la rive gauche de la rivière depuis Montbéliard jusqu'à Besançon et au delà.

Cette ligne, avec les berges presque continuellement escarpées du Doubs, de Montbéliard à la forêt de Chaux, présentait certainement des avantages stratégiques de la plus haute importance, mais c'était à condition qu'on fît sauter tous les ponts, ce qui fut exécuté sur la ligne, au moins jusqu'à Baume. Pour commencer, neuf ponts furent détruits. Un seul, le plus important peut-être, était resté, c'était celui de Lisle, et nous insistons sur ce fait pour montrer jusqu'à quel point certaines influences ont pu entraver la défense.

Un capitaine de mobiles, nommé Gondy, avait reçu de la division l'ordre de faire sauter tous les ponts du Doubs ; celui de Lisle y était naturellement compris. Cependant il ne fut pas détruit ! Pourquoi cette exception? Nous n'avons pas à nous en occuper, nous constatons le fait. Le bruit courut dans le pays que le maire de Lisle, M. Meiner, conseiller général et gros industriel, dévoué à l'ancien régime, avait su obtenir de l'état-major que le pont fût exceptionnellement conservé. Nous ignorons si M. Meiner s'est lavé de cette accusation ; toujours est-il qu'il s'était attiré, à la date du 7 novembre, quelques jours avant l'ordre de faire sauter tous ces ponts, la lettre suivante du général Rolland :

« Je suis informé que le maire de Lisle-sur-le-Doubs a refusé la nourriture et le logement militaires à une compagnie de la garde nationale mobilisée de la Haute-Saône, pourvue de pièces régulières et qui avait reçu l'ordre de se replier sur Besançon. Par suite de ce refus, une partie de mes hommes s'est débandée et est retournée dans ses foyers.

« Il est très regrettable qu'au milieu des nombreuses difficultés que je rencontre à chaque instant pour réunir les gardes mobilisés d'un département envahi, il se trouve des *maires assez peu patriotes* pour y ajouter de nouveaux embarras. Je signale donc la conduite du maire de Lisle-sur-le-Doubs, qui comprend si peu ses devoirs dans les circonstances critiques que nous traversons. »

Le pont de l'Isle était donc debout, malgré toutes les réclamations, lorsque les Prussiens, qui savaient tout, arrivèrent un beau jour à l'improviste au nombre de trois mille avec dix pièces de canon et deux mitrailleuses, et passèrent de l'autre côté sans rencontrer le moindre obstacle. Toute la région des plateaux qu'on avait pris la peine de garder si soigneusement comme notre dernière ligne de défense leur était ainsi ouverte. Il leur était facile en quelques heures de venir investir Besançon par derrière. Ils envoyèrent une reconnaissance de cavaliers jusqu'à Clerval. Heureusement que pour un motif qui nous est inconnu, ils se retirèrent. Mais le pont subsistant, ils pouvaient revenir. Le sous-préfet de Baume qui, de concert avec celui de Montbéliard, organisait en ce moment la levée des mobilisés sur la rive gauche du Doubs, courut à Besançon pour se plaindre à M. de Bigot, chef d'état-major. Celui-ci ne sut trop que répondre. Il prétexta qu'on avait « justement » voulu, ce jour-là, attirer les Prussiens sur la rive gauche du Doubs et que tout était combiné pour les écraser en masse. » Afin d'édifier le lecteur sur la valeur de cette *combinaison*, il est bon de dire qu'en apprenant que les Prussiens étaient à Lisle et que le pont n'avait pas sauté, une compagnie de mobiles du Haut-Rhin qui se trouvaient dans les environs, sur la rive gauche, était partie en toute hâte et n'avait pu être ralliée qu'à Aïssey.

Quoi qu'il en soit et malgré ses explications, M. le

chef d'état-major de Bigot, jugeant sans doute qu'en laissant subsister le pont de Lisle, il engageait un peu trop sa responsabilité, envoya immédiatement l'ordre de le jeter dans la rivière.

Tandis que, avec des forces dont le nombre augmentait continuellement par suite de l'occupation successive de toutes les places qui immobilisaient les Prussiens, du Rhin à la Saône, ceux-ci occupaient l'Alsace, la Haute-Saône et menaçaient sérieusement Lyon, Garibaldi, dont le quartier général était à Dôle, organisait son armée de façon à pouvoir leur tenir tête. A force de réclamations incessantes et grâce aux bons soins du préfet républicain du Doubs, il avait reçu une batterie de 4 de montagne et cinq cents chassepots dont il avait pu armer l'élite de ses troupes qui jusque-là n'avaient eu que des fusils à piston. A chaque instant ses rangs se grossissaient de tous les francs-tireurs débandés ou mécontents de leurs chefs, et des volontaires qui arrivaient isolément ou par petits groupes de tous les pays.

La petite armée de Garibaldi, encouragée par les succès constants qu'elle obtenait dans ses escarmouches, succès qu'elle devait à l'habileté de son chef, était pleine d'enthousiasme et de confiance dans l'heureuse issue de la guerre. Le général Bordone, dans la proclamation qu'il adressait aux populations pour leur annoncer les résultat du vote de Paris à la suite de la tentative révolutionnaire du 31 octobre, terminait par ces mots : « Sans bruit, sans forfanterie, les troupes sous nos ordres garnissent les rives de l'Ognon et de la Saône et obligent les Prussiens à les respecter. Chaque nuit des engagements d'avant-postes leur coûtent des pertes : bientôt sonnera l'heure des représailles et devant la nation frémissante d'indignation reculeront les barbares. »

A Nuits venait d'avoir lieu un engagement heureux entre les Prussiens, au nombre de douze cents, et trois cents francs-tireurs du Jura et volontaires Beaunois.

C'était l'époque aussi, il ne faut pas l'oublier, du seul succès un peu important que nous ayons eu pendant la durée de cette malheureuse guerre, la prise d'Orléans. Il n'était donc pas étonnant qu'on se sentît disposé à croire à ces confiantes paroles.

§ I.

L'ennemi, toujours répandu en masses nombreuses dans la Haute-Saône et le Jura, se rapprochait de plus en plus de Besançon. Pin-l'Emagny, Recologne, Saint-Vit étaient rançonnés par lui. Chaque jour on craignait davantage l'investissement de la ville, et la rumeur publique annonçait que Frédéric-Charles en personne venait l'assiéger. L'émigration en Suisse prenait des proportions considérables et la préfecture songeait à organiser un service de pigeons en vue d'un investissement complet.

Le 10 novembre, le général de Prémonville avertissait les habitants que les mouvements des Allemands paraissant rendre de plus en plus probable le siége de la place, chacun eût à prendre ses précautions, soit pour sortir, soit pour se prémunir contre « les effets des attaques de l'ennemi. » En même temps une grande impulsion était donnée aux travaux de défense : la garde nationale travaillait aux remparts avec un zèle tout patriotique. Cependant la population, qui n'ignorait pas l'insuffisance des moyens de résistance, était assez peu rassurée. On savait bien que le génie, dans l'intention de faire de la place un vaste camp retranché, au moment où l'armée de Cambriels était venue s'appuyer sur Besançon, avait exécuté quelques travaux sur certains points stratégiques importants ; que quelques forts étaient munis d'excellentes pièces de marine et défendus par des officiers de vaisseaux. Mais ni les ouvrages détachés de Palante, des Montboucons, de Rognon et de Montfaucon, pas plus que ceux de Montarmot, du Point du Jour et de la Justice, n'étaient encore en état ; ils n'avaient pas de canon, et du reste, construits à la hâte et comme pour donner seulement satisfaction à l'opinion publique, ils n'offraient pas les éléments d'une résistance sérieuse. L'autorité militaire avouait elle-même que depuis le départ de l'armée de l'Est, elle n'avait plus une garnison suffisante pour occuper ces positions.

Ces aveux sont contenus dans une longue lettre explicative adressée au préfet, le 10 novembre, par le général de division. Nous trouvons aussi dans ce document le plan de défense pour tout le pays, plan qui, plus ou moins exactement suivi, a servi cependant de base à toutes les opérations militaires qui ont été tentées depuis.

« Afin, dit le général, de couvrir les extrémités de « la ligne de défense du Doubs, dont la position de

« Besançon marque le centre, et pour l'empêcher d'être « tournée dans la direction de la trouée de Belfort vers « Delle et Montbéliard, j'ai fait étudier avec soin toute « la partie du cours de la rivière qui s'étend entre « Baume-les-Dames et Pont-de-Roide, et surtout la « chaîne du Lomont qui forme une seconde ligne de « défense après celle de la rivière elle-même.

« Des études et des travaux fort étendus ont été faits, « pour rendre, autant que possible, impraticables à « l'ennemi les routes et les passages de cette région, et « pour permettre aux détachements, malheureusement « peu nombreux, qu'il nous est permis d'y entretenir, « de défendre les cols et passages de cette région avec « quelques chances de succès.

« Pour assurer la sécurité du flanc gauche de notre « position, des études et des travaux sont encore en « voie d'exécution en ce moment, dans cette zone de « terrain comprise entre le Doubs et la Loue dont les « villages de Busy et de Vorges occupent le centre, et « par où l'ennemi pourrait arriver, soit après avoir « avoir passé le Doubs entre Osselle et Byans, soit « même de Quingey, en supposant qu'il se soit intro- « duit dans la vallée de la Loue par la forêt de Chaux « ou par un grand mouvement tournant au sud de « cette forêt.

« ..... Les divers conseils ou comités de défense, « ainsi que les officiers spécialement chargés de l'étude « de ces questions, ont été unanimes à reconnaître « qu'il serait nécessaire, selon les éventualités des opé- « rations de l'ennemi, d'intercepter autant que possible

« toute communication de la rive droite à la rive gau-
« che du Doubs.

« Cette nécessité s'est imposée d'une manière urgente « depuis quelques jours, dans toute la partie en amont « de Baume-les-Dames, autant pour interdire à l'en- « nemi de franchir la première ligne de défense qui « couvre la droite de notre position que pour empêcher « son ravitaillement en bestiaux, qu'il semblait vouloir « organiser, sur une assez vaste échelle, en faisant « opérer des achats dans la Montagne.

« Il y aura lieu sans doute très-prochainement de « détruire, d'une manière absolue, tous les autres « ponts en amont de la place.

« Quant à ceux d'Aval, qui s'étendent jusqu'à Dôle « et au delà, ils sont tous minés, et nous sommes en « mesure de les détruire si l'ennemi nous tournait « par la forêt de Chaux, en conservant, toutefois, « jusqu'au dernier moment, les ponts du chemin de fer « de Lyon à Mont-Ferrand, Torpes et Abbans-dessous, « pour permettre à la place de se ravitailler. »

§ II.

Mais, bien qu'à proximité de Besançon, l'ennemi semblait avoir renoncé à en faire le siége. Du reste, il n'était guère possible en ce moment de dire quel plan il poursuivait. Tout à coup on le voyait évacuer précipitamment Dijon en remontant du côté de Mirebeau, puis Vesoul d'où il se dirigeait en arrière sur Épinal ; tantôt il se présentait devant Auxonne en forces assez considérables et faisait mine de l'investir ; ses cavaliers venaient insulter les faubourgs de Dôle, d'où quelques coups de fusil et le tocsin suffisaient à les éloigner ; ils entraient à Saint-Jean-de-Losne, puis l'évacuaient complétement. Ils se montraient à Taxennes, à Mercey-le-Grand où ils pillaient trois maisons sous prétexte de tentative de résistance, à Bethelange, à Anterpos, à Pouilley-le-Français, à Dampierre, à Saint-Vit où la garde nationale faisait bonne contenance et, décidée à se défendre, demandait à Besançon un secours qui lui était refusé.

On voyait les ennemis partout, et l'instant d'après ils n'étaient nulle part.

Du côté de Montbéliard ils agissaient de même. Ils arrivaient en assez grand nombre à Clerval, à Lisle-sur-le-Doubs, à Audincourt, à Hérimoncourt, à Abbevillers, Dasle, etc., et disparaissaient tout à coup en se dispersant dans toutes les directions.

Leur présence à Saint-Vit manifestait peut-être leur intention de passer le Doubs de ce côté qui n'était pas défendu et d'aller investir Besançon par Quingey, ce qui leur eût été on ne peut plus facile à ce moment, tous les ponts existant encore. Cinq cents hommes de nos troupes seulement se trouvaient à Byans. Si les Prussiens avaient affectué ce passage d'un seul coup, ils nous chassaient de notre première ligne de défense et nous rejetaient derrière la Loue.

Mais il est probable que leur plan était plutôt de s'avancer sur Lyon, et que cette indécision qu'ils montraient dans leur marche provenait des attaques auxquelles ils étaient en butte de la part de la petite armée de Garibaldi, qui se multipliait pour faire croire à des forces beaucoup plus considérables destinées à leur barrer le passage. Croyant avoir affaire à de nombreux adversaires, ils attendaient toujours de nouveaux renforts qui leur arrivaient du reste sans interruption. Le 18 novembre, le sous-préfet de Lure télégraphiait au général Michel à Besançon :

« Une colonne de quatre mille hommes venant du « Thillot a couché la nuit dernière à Melisey, a passé « à Lure à dix heures du matin, continue sa marche « sur Vesoul. Une autre colonne de quatre mille hom- « mes vient d'arriver de Ronchamps, et continue sa « marche sur Vesoul. Ces deux colonnes se composent « ensemble de mille cavaliers environ, mille hommes « d'infanterie portant le casque à pointe, douze pièces « de canon de bronze petit calibre. Le reste infan- « terie landwehr... On annonce pour ce soir une autre « colonne venant aussi de Ronchamps, je lui suppose « la même force qu'aux deux autres. Le troisième corps « a demandé des logements à Lure pour quatre-vingt- « sept officiers. Parmi eux le général Trescow et le « général Schmeling. Les soldats doivent passer la nuit « dans les villages voisins ; ils disent qu'il en passera « encore autant demain. Avant l'arrivée de toutes ces « troupes, nous avions à Lure, depuis quelques jours, « environ mille hommes de landwehr, dont deux cents « cavaliers ; ils sont partis ce matin pour Vesoul ; *les « officiers disent qu'ils vont à Lyon.* Si ces troupes vont « jusqu'à Vesoul aujourd'hui, elles auront fait de 40 à

« 42 kilomètres. — Le général Trescow arrive à l'ins-
« tant. Il s'empare de la sous-préfecture. Je me hâte de
« faire partir mon courrier avant l'interception des
« routes. »

Ces colonnes, détachées probablement des forces qui occupaient les environs de Belfort ou de Montbéliard, où se portaient-elles ainsi à marches forcées? Le gouvernement de Tours crut un moment que ces concentrations de troupes avaient pour objet de gagner Nevers par le Morvan afin de prendre à revers l'armée de la Loire et, sans plus se préoccuper de Lyon qui restait ouvert à l'invasion de l'ennemi, il donna l'ordre à Garibaldi d'abandonner les positions au moyen desquelles il couvrait la Saône et l'Ognon et de garder les défilés du Morvan. En occupant Autun, on commandait la ligne de voie ferrée qui restait seule en ce moment pour mettre en communication Bourges avec l'Est, Besançon ou Belfort. Voici le texte de la dépêche chiffrée qui était envoyée par le gouvernement à Garibaldi :

Guerre à général Garibaldi, Dôle.

« Nous nous décidons à abandonner la ligne du Jura en laissant des garnisons à Besançon et à Auxonne; l'ennemi paraît, par diverses routes, se porter sur le Morvan et tâcherait peut-être de gagner Nevers en évitant Chagny; je pense que ce qui serait le plus avantageux, c'est qu'avec vos vaillantes troupes vous alliez défendre les défilés du Morvan, propices pour vos mouvements et vos hardis coups de main. Tâchez de couvrir la direction de Nevers, le colonel Bonnet est à Chagny, avec des forces et de l'artillerie, prêt à vous donner la main. »

Une autre raison de ce mouvement prescrit au général italien était la nécessité de protéger les débris de l'armée de l'Est de Cambriels, qui rejoignaient en ce moment, par une marche de flanc très-dangereuse, l'armée de la Loire.

En même temps les mobilisés de Saône-et-Loire, les vieux garçons, comme on les appelait, quittaient Chagny et étaient dirigés, au nombre de douze mille, vers un nouveau camp entre Charolles et Paray-le-Monial.

Bien qu'il lui coûtât beaucoup de laisser l'Est complétement dégarni, Garibaldi obéit aux ordres de la délégation de Tours et vint établir son quartier général à Autun le 9 novembre.

Dans la vallée de la Saône et dans la Côte-d'Or, il ne restait donc plus que quelques troupes. Un bataillon de mobiles de la Gironde était à Beaune, la 2e légion du Rhône à Chagny et la première à Verdun sur le Doubs. Quelques corps de francs-tireurs tenaient en outre la campagne. La route, sauf les obstacles facilement surmontables qu'y avait fait accumuler le général Bressolles, commandant la 8e division à Lyon, était donc ouverte à l'ennemi.

Le commandant Bourras avait sous ses ordres le corps le plus nombreux de francs-tireurs, augmenté de quelques compagnies de mobilisés. Avec ces forces en somme peu importantes, il ne craignit pas d'attaquer les Prussiens à Nuits et au Clos-Vougeot. L'affaire de Nuits (21 novembre) fut très-meurtrière pour les nôtres, et signalée par un acte de cruauté qui porta au plus haut point l'exaspération de nos soldats. Un jeune franc-tireur, Mesny d'Arbois, fait prisonnier pendant l'action, fut fusillé par les Prussiens sous les yeux de ses camarades. Bourras se plaignit hautement à Werder de cette atrocité, et déclara au général que, s'il en était ainsi, si les francs-tireurs étaient fusillés, il ne ferait grâce à aucun des prisonniers prussiens qui tomberaient entre ses mains. Werder lui répondit cette lettre :

Au commandant du corps franc des Vosges, l'honorable M. Bourras, à Nuits :

« Je viens de recevoir votre honorée de ce jour et j'y réponds à cet égard qu'il n'y a aucun ordre de fusiller quelques-uns, surtout prisonniers, quoiqu'ils appartiennent à un corps franc. J'ai ordonné aussitôt une enquête à cette occasion. Je veux pourtant remarquer que *les paysans non habillés militairement*, quand ils ont tiré sur nos soldats, sont traités sommairement et passés par les armes.

« *Le commandant en chef,*

« DE WERDER. »

On s'est beaucoup élevé, pendant toute la durée de la guerre, contre cette façon de procéder des ennemis relativement aux paysans pris les armes à la main. Mais ces reproches persistants ne prouvent qu'une chose, notre ignorance profonde de l'histoire et du droit des gens. Dans toutes les guerres où nous avons été envahisseurs, nous en avons agi comme les Prussiens. Les coalisés de la Sainte-Alliance ont, eux aussi, cent fois renouvelé ces menaces d'exécutions sommaires des paysans. — Du reste les Allemands, dès le début de la guerre, nous ont souvent renvoyés, et avec raison, au droit des gens qui interdit positivement aux non-soldats, sous peine d'être passés par les armes, de faire le coup de feu contre l'ennemi. La raison en est aussi simple que juste; c'est qu'en désintéressant de la lutte le plus grand nombre d'hommes, on la restreint et on la rend moins meurtrière. Et comme, en général, les guerres se font par le bon plaisir des souverains et pour venger leurs injures personnelles, le droit des gens est dans ce cas d'accord avec la plus simple morale. En droit strict, les Prussiens avaient donc raison; mais on pourrait dire que dans une guerre d'invasion, ces règles ne sauraient plus s'appliquer, surtout lorsque l'armée envahissante représente, avec ses bans successifs de landwehr, la nation armée tout entière. Du reste les Prussiens, après la chute de l'empire, avaient refusé de déposer les armes en déclarant qu'ils entendaient faire la guerre, non plus au gouvernement, mais au peuple français.

CHAPITRE III.

Garibaldi à Autun. — Il attaque Dijon. — Sa retraite sur Autun. — Les Prussiens tentent de s'emparer de la ville et sont repoussés. — Le général Cremer à Nuits. — Affaires de Voujeaucourt.

Aussitôt établi à Autun, Garibaldi n'était pas resté inactif : après avoir essayé de donner un peu de cohésion à ses troupes par la discipline, les exercices et de nombreuses reconnaissances, il recommença immédiatement ses opérations.

Divers détachements de sa petite armée furent envoyés au loin pousser des pointes pour inquiéter l'ennemi et l'empêcher d'avancer vers Dijon. C'est ainsi que son fils Ricciotti attaquait à Châtillon, à cent dix kilomètres d'Autun, un corps de huit cents Prussiens et s'emparait de la position (19 novembre), et que les francs-tireurs du Doubs, commandant Olivier Ordinaire, s'emparaient d'Auxon-sur-Aube.

C'est à ce moment qu'il convient de placer la fusion de l'ancienne armée des Vosges de Cambriels, commandée alors par le général Crouzat, avec l'armée de la Loire. Garibaldi, par suite de ce déplacement de quarante mille hommes, restait donc seul pour protéger les lignes qui conduisent à Lyon par la vallée de la Saône et de l'Ouche. Comme il avait reçu quelques renforts, un régiment des mobiles de l'Aveyron, deux bataillons de mobilisés d'Autun et une trentaine de chasseurs d'Afrique, il résolut de marcher sur Dijon.

Il devait être soutenu dans cette entreprise par le général Bressolles qui depuis plusieurs jours envoyait des troupes à Chagny. Mais les chefs de corps, Cremer, Crivisier, Celler, Bourras, répandus dans la vallée de la Saône et qui se jalousaient l'un l'autre, n'obéissant à aucun commandement supérieur, rendaient impossible l'entente nécessaire pour assurer le succès.

Le 26 novembre, après avoir vu éventer une attaque de nuit qu'il méditait depuis longtemps, Garibaldi tombait sur les Prussiens à Pasques, les délogeait du village, puis de Prénois et de Darois, il les poussait en déroute jusqu'aux faubourgs de Dijon. Il était sept heures du soir. Malgré la nuit, le général résolut de profiter de ses avantages pour s'emparer de la ville. Mais devant un feu terrible de mitrailleuses, nos mobiles lâchent pied et laissent Garibaldi seul, avec son intrépide légion génoise, exposé à une mort certaine. Le vieux général, debout sur sa voiture, entonnait un chant patriotique et voulait se faire tuer. On fut obligé de le ramener de force. Dans la nuit, il put rassembler ses troupes, et la retraite, couverte par Delpech, s'effectua en assez bon ordre sur Autun.

Les Allemands avaient si bien cru à la victoire de Garibaldi, que le gros de la garnison prussienne de Dijon avait déjà quitté la ville et ce n'était que l'arrière-garde qui, en protégeant la retraite, avait causé la panique inespérée de nos mobiles. Sans ce moment de terreur, Garibaldi entrait à Dijon le soir même.

Quoi qu'il en soit de cet échec, qui termina la journée, l'avantage était réellement resté à Garibaldi, et le gouvernement de Tours ne s'y trompa point. Il envoya au général le télégramme suivant : « Félicitations à l'illustre général Garibaldi du brillant fait d'armes que ses braves troupes ont accompli hier sous les murs de Dijon ; nous désirons faciliter la glorieuse tâche poursuivie par le général et lui demander s'il désire que nous lui envoyions des renforts et de quelle nature. »

Une des rares capacités militaires qui se soient révélées durant cette guerre, le général Cremer, venait de prendre à Chagny le commandement des quelques troupes qui y étaient restées. Il ne put arriver à temps au secours de Garibaldi avec qui il avait combiné l'attaque sur Dijon. Il allait s'établir à Gevrey (huit kilomètres de Dijon), et à Morey pour se porter contre la ville, lorsqu'il reçut de Bordone la nouvelle de la retraite de l'armée de Garibaldi sur Autun.

Cremer, qui ne pouvait songer à s'emparer à lui seul, sans Garibaldi, de la ville de Dijon, résolut de se retrancher à Nuits, excellente position stratégique du reste, et d'où il pouvait à tout instant venir au secours de Garibaldi en se jetant sur les derrières des Prussiens, si ceux-ci serraient de trop près le chef italien à Autun. Mais il n'y resta pas longtemps, le général Crivisier, son ami et son supérieur (il était général de division et Cremer, de brigade), — arriva subitement de Beaune et lui donna ordre de faire replier ses troupes vers Châlons. Le lendemain la position de Nuits était occupée par les Prussiens, qui, d'un autre côté, marchaient sur Autun contre Garibaldi, livré par cette retraite injustifiable à ses propres ressources.

Cremer, qui avait protesté à Tours contre l'absurde retraite que lui imposait Crivisier, fut nommé commandant en chef à la place de ce dernier. Aussitôt qu'il se trouva maître de ses actes, le jeune général se hâta de marcher de nouveau sur Nuits pour le reprendre. Deux mille Prussiens occupaient la ville. Cremer n'avait avec lui que la deuxième légion du Rhône, le deuxième bataillon de la Gironde et pas un seul canon. Le combat dura plus de trois heures, mais les Prussiens furent obligés de se replier sur Dijon.

Cette affaire avait lieu le 29 ; le lendemain 30, selon leur invariable habitude, les ennemis revenaient sur Nuits avec des forces supérieures, mais ils furent encore une fois contraints de se retirer. Les corps francs des Vosges et les mobiles de Beaune se signalèrent particulièrement dans ces deux journées.

Les Prussiens, depuis l'échec de la tentative de Garibaldi sur Dijon, l'avaient suivi pas à pas, tandis qu'il regagnait Autun. Le 1er décembre [1] ils attaquaient, dans l'après-midi, la ville à l'improviste. Bien que ce fût une surprise, et bien qu'un des chefs, le commandant Chenet, de la guérilla d'Orient, eût abandonné son poste, qui était pourtant la clef de la position, la résistance de la

1. Et non pas le 30 novembre comme le dit M. Freycinet.

petite armée de Garibaldi fut vaillante, et l'ennemi se vit obligé de reculer. Ricciotti Garibaldi, comme à Châtillon, fit des prodiges de valeur. Nos pertes furent assez sensibles surtout parmi les artilleurs de la mobile de la Charente-Inférieure qui se conduisirent en braves.

L'ennemi, obligé de renoncer à son entreprise, lança plusieurs obus sur la ville en se retirant. On croyait au renouvellement de l'action pour le lendemain matin, mais il n'en fut rien. Dès le soir les Prussiens reprenaient la route de Dijon.

Cette affaire fit beaucoup d'honneur à Garibaldi, qui avait su repousser cette attaque avec des troupes à peine formées, mal équipées, plus mal armées et n'ayant, pour toute artillerie, que douze petites pièces de montagne. Les Prussiens, au nombre de douze à quinze mille, étaient suivis d'une vingtaine de canons, et ils avaient subi des pertes sérieuses.

Le général Cremer, instruit par Garibaldi de la retraite des Prussiens, se porta rapidement à leur rencontre et arriva encore assez à temps pour écraser la queue de leur armée à Châteauneuf. Le général Keller commandait cette arrière-garde forte d'environ sept mille hommes. Après avoir vainement tenté de s'emparer de la formidable position de Châteauneuf, d'où le canon de Cremer décimait ses soldats, il fut obligé de se retirer en toute hâte sur Dijon. Si le plan de Cremer avait été suivi par ses divers chefs de corps, l'armée de Keller était faite prisonnière. Garibaldi envoya au jeune général le télégramme suivant :

« Mes félicitations au jeune et vaillant général de la

République. Votre manœuvre est marquée au coin du génie de la guerre. J'en augure bien pour l'avenir de la République[1]. »

Malgré sa brillante défense, Garibaldi n'en obtenait pas davantage du gouvernement de Tours. Après Cambriels, après Michel, on nomma au commandement supérieur de l'Est le général Crouzat, en lui donnant, comme à ses prédécesseurs, la haute main sur l'illustre général républicain, qui cependant avait seul, jusque-là, remporté quelques succès dans cette partie de la France. A Autun même, qu'il avait sauvé de l'ennemi, il n'obtint pour récompense, de la bourgeoisie et du parti clérical, que la calomnie et l'injure. Les notables qui, tandis qu'on se battait, délibéraient pour envoyer des parlementaires aux Prussiens, furent les premiers à rabaisser la victoire du général et à lui reprocher, avec ses troupes harassées par des combats, depuis huit jours presque continuels, de ne pas s'être lancé à la poursuite de l'ennemi[2]. Quant au clergé, il accusa Garibaldi d'avoir dévasté et saccagé avec préméditation les propriétés diocésaines sous prétexte de tra-

1. Nous ne savons par quelle inexplicable confusion, M. de Freycinet, dans son livre la *Guerre en Province,* a parlé à cette date du 3 décembre d'un autre engagement important de Garibaldi à Arnay-le-Duc et à Bligny-sur-Ouche, suivi d'une nouvelle pointe sur Dijon, où le héros italien serait entré si une diversion n'eût été faite à Nuits, etc... Nous n'avons pas la moindre idée de cette affaire qui n'est mentionnée ni dans la brochure de Cremer, ni dans celle de M. Marais, sous-préfet d'Autun, ni dans le livre de Bordone, ni dans une seule des nombreuses dépêches qui sont entre nos mains.

2. Auguste Marais. *Garibaldi en Saône-et-Loire.*

vaux de défense. Heureusement que les vrais patriotes rendaient justice au courage et à l'abnégation de l'illustre général et le consolaient un peu, par leurs témoignages de sympathie, de tous les déboires qu'il avait à souffrir. Une souscription fut ouverte dans plusieurs journaux de la Franche-Comté pour lui offrir une épée d'honneur. Garibaldi, avec cette modestie et ce désintéressement dont il a donné tant de preuves, ne voulut pas l'accepter. Il écrivit à ce sujet le 10 décembre :

« Je considère une épée donnée par la France comme le plus beau des dons, et vous serez certainement étonné que je ne l'accepte pas. — Ayant fermé la porte aux honneurs pour tous les braves qui m'accompagnent, je ne veux point de préférence. A la fin de la guerre j'accepterai avec eux ce que la France républicaine voudra nous décerner, — pas avant[1].

« Ma reconnaissance aux généreux initiateurs d'une idée si flatteuse pour moi.

« GARIBALDI. »

Les souscriptions pour l'épée furent affectées à l'achat d'une mitrailleuse qu'il ne put refuser.

§ I.

Tandis que Garibaldi restait sur la défensive à Autun, le général Werder prit la résolution d'en finir avec Cre-

1. Il ne se doutait pas que pour récompense l'Assemblée de Bordeaux le mettrait à la porte.

mer qui s'avançait tous les jours jusqu'aux portes de Dijon. Le 18 décembre, le général prussien se mit en marche contre Nuits qui était le centre des opérations de Cremer, avec quarante-huit pièces de canon et vingt mille hommes[1]. Son plan était d'attaquer les Français par trois côtés à la fois. Mais Cremer était sur ses gardes et ses troupes, fortement retranchées sur toute la ligne ou à couvert sous les bois, opposèrent la plus énergique résistance. La bataille durait depuis longtemps, à notre avantage ; l'ennemi avait fait des pertes énormes et commençait à être ébranlé, lorsqu'une partie de la 2e légion du Rhône, prise d'une terreur panique, se mit à fuir. Il était près de cinq heures et demie du soir. Heureusement qu'un bataillon du 57e, arrivé au moment même par le chemin de fer, se précipita sur l'ennemi à la baïonnette et dégagea la ville qui allait être prise de ce côté. Mais la blessure mortelle que reçut le brave colonel Celler dans une de ces charges, le retard des autres bataillons du 57e et surtout les renforts qui arrivèrent, à la fin de la journée, aux Badois, obligèrent Cremer, après un engagement meurtrier dans les rues de la ville, à donner le signal de la retraite sur Beaune, où ses troupes arrivèrent à onze heures du soir.

Il laissait entre les mains de l'ennemi environ trois cents prisonniers. Le manque seul de munitions l'empêcha d'occuper la formidable position de Chagny, d'où il eût pu recommencer la lutte le lendemain contre Werder. Celui-ci, malgré l'énorme supériorité de ses forces,

1. Freycinet dit, dix-huit mille; Cremer, vingt-quatre mille.

se sentait si peu assuré dans Nuits, qu'aussitôt le jour il se hâta de repartir pour Dijon.

Ainsi, des deux côtés, Français et Allemands avaient abandonné le terrain de la lutte.

Cette affaire, en définitive, fut des plus honorables pour Cremer, qui n'avait que neuf mille hommes [1] et dix-huit pièces de canon à opposer aux vingt mille hommes et à la nombreuse artillerie de Werder. Les pertes des Prussiens sont évaluées à trois ou quatre mille hommes [2]. De notre côté, environ quinze cents combattants restèrent sur le terrain et parmi eux nombre d'officiers.

Lorsque Cremer arriva à Beaune, il y trouva la brigade Ricciotti que Garibaldi s'était hâté d'envoyer aussitôt qu'il avait appris l'attaque de Nuits par Werder.

Pendant l'action, Cremer avait télégraphié à Lyon pour demander du renfort. Bressolles avait fait partir immédiatement six mille hommes et trois batteries sur Chagny, où ces troupes devaient former la réserve.

Presque en même temps qu'ils dirigeaient cette attaque sur Nuits, et pour occuper sans doute les garnisons de Dôle et d'Auxonne et les empêcher de venir au secours de Cremer, les Prussiens faisaient une démonstration sur Pesmes où ils essayaient de couper les ponts. Re-

1. Freycinet dit douze mille et vingt-quatre bouches à feu.

2. Freycinet parle de quatre à cinq mille. — Cremer, sept mille deux cents, chiffres avancés, dit-il, par l'intendance prussienne. — Une autre version donne sept mille deux cent soixante, d'après des papiers trouvés dans un fourgon allemand.

poussés de ce village au nombre de cinq cents environ, ils furent poursuivis jusqu'à Sauvigney par des mobilisés du Jura et des compagnies du 84e de ligne commandées par le lieutenant-colonel Kingler.

§ II.

Du côté de Montbéliard, la situation n'avait pas sensiblement changé. Les Prussiens, tenus en respect par les forces que nous avions sur la rive gauche du Doubs, n'osaient pas trop s'aventurer à réquisitionner même sur la rive droite. A chaque instant des coups de feu s'échangeaient d'un côté à l'autre de la rivière.

Le plus sérieux de ces petits engagements fut celui de Voujeaucourt.

Tous les ponts étaient rompus, et les mobiles du Doubs, campés sur la rive droite, avaient réuni sous leur main toutes les barques des environs. Chaque jour ces barques leur servaient à traverser la rivière pour aller au pain.

Un matin et malgré la consigne, une dizaine d'hommes sans fusils passèrent l'eau dans ce but. Des uhlans les aperçurent et se mirent à leur poursuite; pour les dégager, les mobiles qui restaient sur l'autre rive commencèrent la fusillade, bien que l'ordre fût donné de ne pas tirer.

Le lendemain, les Prussiens étant revenus au nombre de trois cents, une nouvelle escarmouche eut lieu.

Mais ce fut le surlendemain, 23 novembre, que s'engagea un véritable combat. Un convoi de quatre-vingts sacs de farine, fortement escorté par les Prussiens, passait sur la route en face de Voujeaucourt. Les mobiles, de l'autre rive, firent sur l'ennemi un feu si bien nourri, qu'à la fin les convoyeurs se débandèrent laissant un instant leur farine à l'abandon. Les mobiles se hâtèrent de sauter dans les barques pour aller s'emparer de cette riche proie qu'ils parvinrent à ramener du côté de leur campement.

La fusillade avait duré depuis sept heures du matin jusqu'à la nuit. On estime que douze cents Prussiens prirent part à l'action et qu'ils perdirent quatre officiers, parmi lesquels le colonel commandant l'escorte. Ce courageux soldat, quoique blessé d'une balle dans le ventre, se fit apporter un fauteuil derrière une maison et commanda tout le temps que dura le combat.

Les Prussiens avaient avec eux de l'artillerie ; leurs batteries, établies au-dessus d'Arbouans et de la fabrique de Sainte-Suzanne, ne discontinuèrent pas de faire feu sur les bois de Béchamp, de Valentigney et de Voujeaucourt. Mais le plus grand nombre des projectiles s'enfonçait sans éclater dans le terrain amolli par l'eau de la crue du Doubs.

Nous avions, de notre côté, deux mille mobiles du Doubs, un bataillon de la Gironde; deux cents zouaves et environ cent cinquante francs-tireurs, mais nous ne possédions pas une seule pièce de canon.

Bien que cet engagement n'ait pas eu une grande importance, nous nous y sommes arrêté parce que ce fut là, pour la première fois, que les mobiles du Doubs virent le feu et que leur succès inspira confiance aux populations du département.

Ce même jour les Prussiens vinrent, au nombre de trois mille environ, occuper Lisle-sur-le-Doubs avec l'intention présumée de rétablir les ponts et de passer sur l'autre rive. Quand ils apprirent le résultat des escarmouches de Voujeaucourt, ils se retirèrent. Pendant l'action, l'ennemi avait essayé de rétablir le pont d'Audincourt, mais la force des eaux l'en avait empêché.

TROISIÈME PARTIE

BOURBAKI

CHAPITRE PREMIER.

La levée des mobilisés. — Défense de Belfort jusqu'au commencement de janvier. — Préparatifs de l'expédition de Bourbaki.

La levée des mobilisés, organisée par toute la France, devait donner environ huit cent mille défenseurs au pays.

On fit d'abord appel au patriotisme des municipalités pour les engager à habiller elles-mêmes ces nouvelles troupes, mais sauf quelques-unes qui y mirent du dévouement et de l'activité, les autres ne s'en occupèrent pas et il fallut bientôt imposer, à chaque commune, la part contributive qu'elle aurait à payer pour l'équipement et l'habillement de ses soldats.

Le mois de décembre et le commencement de janvier se passèrent au milieu de difficultés de toutes sortes : à équiper, armer et réunir ces nouvelles recrues.

Les autorités militaires, dès le principe, au moins dans le département du Doubs, se montrèrent hostiles à cette organisation des mobilisés ; elles y apportèrent de nombreux obstacles. Elles étaient persuadées qu'il n'y avait absolument rien à attendre de ces nouveaux soldats, que c'étaient autant de bouches inutiles, et elles retardaient le plus possible le moment de les employer.

Mais dans la population civile on envisageait d'un tout autre œil la levée des mobilisés. On y voyait le suprême effort qui devait opposer des masses aux masses allemandes et assurer, croyait-on, le salut du pays. On s'imaginait aussi, avec quelque apparence de raison, que ces nouvelles troupes, composées pour la majeure partie d'hommes mûrs, convaincus de la gravité de la situation et qui combattaient réellement pour leurs foyers, offraient bien plus de garanties de solidité que les jeunes mobiles. Aussi était-ce partout une véritable fièvre d'armement. On envoyait des émissaires en Angleterre, en Amérique, en Suisse pour acheter des fusils; chaque département, désireux d'armer rapidement ses soldats, faisait concurrence aux autres et à l'État lui-même qui essayait partout de conclure des marchés. On achetait tout ce qui se présentait, en fait d'armes ou d'équipements, sans presque s'inquiéter ni de la qualité ni du prix. On s'estimait heureux de trouver des chaussures aux semelles de carton, des couvertures en bourre de laine, des habits et des pantalons qui se déchiraient au moindre effort, ainsi que de vieux fusils à piston vendus jadis par la France aux gouvernements étrangers et qu'on rachetait au double de leur valeur.

Le décret du gouvernement de la défense nationale, qui enjoignait à chaque département de se procurer une batterie de canons, semblait compléter de la manière la plus rassurante ce rapide armement.

Quand cette masse d'hommes fut tant bien que mal équipée et armée, on se demanda ce qu'on allait en faire. Ce fut alors que le gouvernement de Bordeaux, sur les instances des départements qui réclamaient sans cesse pour que ces soldats ne fussent pas laissés inutiles dans leurs foyers, mais dépaysés et exercés avant d'être conduits au feu, décida que de grands camps seraient formés en divers points de la France non encore menacés de l'invasion. Les mobilisés du Doubs devaient faire partie du camp de Sathonay près de Lyon.

Un autre projet consistait à établir un vaste camp retranché devant Besançon ou sur le plateau de Pontarlier. Mais tous ces plans ne reçurent pas même un commencement d'exécution. Le département du Doubs fut bientôt le théâtre d'opérations militaires qui firent oublier complétement les mobilisés, et ils furent, sauf un petit nombre qui renforça l'armée de Bourbaki où ils se conduisirent vaillamment, employés modestement à élever des fortifications autour de la ville. Les généraux qui ne se souciaient pas de les utiliser autrement les laissèrent aussi longtemps que possible à la charge du département et sous l'autorité du préfet. M. Ordinaire ne cessait de réclamer pour verser à la guerre ses mobilisés bien équipés et armés, mais, on ne voulait pas en entendre parler.

Le désastre de l'armée de l'Est et la paix qui suivit achevèrent de rendre inutile cette espèce de levée en masse sur laquelle on avait tant compté et qui sans doute, si elle eût été plus promptement organisée et quelque peu exercée, aurait pu changer la face des choses.

§ I.

Ainsi que nous venons de le rapporter, ce fut au milieu des préparatifs de l'équipement et de l'armement des mobilisés, que la nouvelle de l'expédition de l'armée de l'Est contre Belfort vint surprendre les populations de la Franche-Comté.

Depuis le 3 septembre, Belfort était investi par les troupes de la première division de la landwehr allemande sous les ordres du général Trescow.

C'était le colonel Denfert qui commandait la défense.

Le sous-préfet de Mulhouse, réfugié dans la ville, télégraphiait le 5 au préfet du Doubs : « La place est bien approvisionnée, bien munie, pourvue d'une garnison nombreuse, et d'un commandant dévoué à son pays et même, je le crois, à la République. Nous tiendrons ; l'affaissement produit par la capitulation de Metz sur l'esprit de la garnison fait peu à peu place à la résolution. J'espère... »

La ville, petite, ramassée au pied de ses forteresses, est complétement couverte par elles. Au sud et à l'est la *Justice* et la *Miotte* dominent au loin. Au sud, en avant de la citadelle qu'on appelle le Château, deux forts de moindre importance, les *Hautes* et les *Basses-Perches*, empêchent l'assaillant de tenter une surprise sur le château. A l'ouest le grand fort des *Barres* complète le système de défense.

Les villages situés entre les forts avancés se prêtaient à la guerre d'escarmouche. Aussi, dès le principe, furent-ils pris et repris par l'assiégeant et par l'assiégé qui avait un intérêt direct à les conserver, pour empêcher l'établissement des batteries de l'ennemi.

Le colonel Denfert ne disposait que de dix à douze mille hommes pour défendre tous ces ouvrages qui entourent Belfort dans un périmètre considérable, et en font un vaste camp retranché. Néanmoins, comme dans le principe l'ennemi n'était pas muni d'une nombreuse artillerie, cette garnison pouvait suffire.

L'investissement n'avait pas été facile pour les Prussiens exposés aux canons à longue portée des forts avancés. Cependant il était complet, sauf peut-être deux points, Vétrigne et Offemont qui étaient intenables à cause de leur proximité du fort de la Miotte sous le canon duquel ils étaient placés.

Le 23 novembre, une première attaque avait été dirigée par les Prussiens contre le mont Salbert, position élevée à l'ouest de la place. A cette époque seulement, l'investissement était devenu rigoureux; la mauvaise saison ayant apporté de grands retards dans l'arrivée du matériel de siége. Cette attaque du mont Salbert, hardie et bien combinée, et à laquelle prirent part cinq mille hommes, réussit aux Allemands. Malgré une défense énergique de notre côté, l'ennemi resta maître de cette position. Le village de Valdoie fut également occupé par les troupes de Trescow et le lendemain, 24, celui de Cravanche. Les mobiles de la Haute-Saône s'étaient laissé surprendre et avaient perdu plusieurs hommes qui furent faits prisonniers. Les Allemands, dans cette entreprise, avaient eu recours à des ruses de guerre qui favorisèrent beaucoup leur succès. A Cravanche, une sentinelle ayant crié : « Qui vive? » on répondit, en très-bon français : « Ne tirez pas, ce sont des mobiles. »

Ces avantages, remportés par l'assiégeant, provoquèrent la plus vive irritation dans la ville. On ne comprenait pas qu'on eût laissé ainsi à découvert le côté le plus faible où une attaque était surtout à redouter. Le génie répondait que l'ennemi ne pourrait se maintenir dans cette position et que, par conséquent, ce n'était pas la peine de sacrifier inutilement du monde pour la garder. Dans l'après-midi, en effet, les forts, de tous les côtés, ouvrirent leur feu sur le mont qu'ils couvrirent de projectiles. Les Hautes-Perches, les Basses-Perches, la Justice, la Miotte, l'Espérance, les Barres, Bellevue, la tour des Tampuis, la citadelle, et jusqu'aux remparts, du côté de la porte de France, se mirent de la partie. Sous cette avalanche de projectiles, le feu prit en même temps à Valdoie, à Essert et à Cravanche, et les ennemis furent obligés d'abandonner le mont.

Quand les Allemands eurent terminé leurs préparatifs de siége, et à cause des accidents du terrain et de l'arrivée retardée du matériel, comme nous l'avons dit, ces préparatifs avaient duré longtemps, ils ouvrirent le feu sur la place.

Le 3 décembre, à huit heures du matin, vingt canons commençaient à tirer contre la ville et les forts. Les boulets des grosses pièces tombaient jusque dans les faubourgs.

Les assiégés ripostèrent avec soixante-dix bouches à feu et tuèrent beaucoup de monde à l'ennemi, mais sans lui démonter ses pièces. Les boulets des forts n'allaient pas jusqu'aux batteries prussiennes ; les artilleurs n'avaient, en fait de gros calibre, qu'une pièce de 24. Aussi les Prussiens occupaient-ils à Vézelois la moitié du village où ne pouvaient parvenir les projectiles français, et ils avaient installé leur observatoire dans le clocher situé en un endroit hors d'atteinte de la portée de nos canons.

Belfort résistait donc énergiquement, et la France contemplait avec orgueil, mais non sans inquiétude sur le résultat final, cette héroïque défense. Depuis la reddition de Strasbourg et surtout depuis la capitulation stupéfiante de Metz, tous les yeux se tournaient du côté de Belfort et partout on n'entendait qu'un cri : « Il ne faut pas laisser encore tomber cette place aux mains des Prussiens. »

Les inquiétudes étaient d'autant plus vives que cette forteresse passe pour la clef de l'Est, pour l'unique obstacle qui puisse fermer à l'invasion la route de Lyon et du midi de la France.

A Besançon surtout qui se voyait forcément assiégée aussitôt que Belfort aurait succombé, l'émotion était profonde, car on savait que la ville, au fond d'un entonnoir et dominée en avant des forts par des hauteurs à portée de canon, devait inévitablement succomber. On y réclamait donc avec les plus vives instances, de la délégation de Bordeaux, une expédition ayant pour but de débloquer Belfort ou, tout au moins, de ravitailler la place en hommes, en vivres et en munitions.

Au commencement de décembre, les maires et les conseillers municipaux des communes de l'arrondissement de Belfort et de Montbéliard avaient signé et envoyé à Bordeaux des pétitions demandant une expédition dans ce but. Il n'y avait guère en ce moment-là que quinze mille Prussiens, en grande partie de la landwehr, autour de Belfort et très-découragés. Ils appelaient la place le *cimetière*, tant ils y avaient laissé de monde. Une entreprise de ce genre avait donc bien des chances de succès pourvu qu'elle fût tenue secrète et qu'elle ne fût pas tentée avec une armée trop considérable, ce qui rend ce secret impossible. La hardiesse et l'expérience de Garibaldi, dans ces sortes de coups de main, le désignaient naturellement au choix du gouvernement de Bordeaux.

On aima mieux préparer longuement et presque ouvertement une grande expédition avec une armée de deux cent mille hommes, dont on donna le commandement au héros compromis du voyage de Londres, à Bourbaki.

§ II.

Fort de ses deux cent mille hommes et en faisant participer à l'expédition les forces de Garibaldi, le général en chef devait culbuter l'armée de siége de Trescow et celle de Werder, débloquer Belfort et, se jetant sur les derrières de l'ennemi, couper ses communications avec l'Allemagne. Les garnisons que les Prussiens avaient laissées en Lorraine ne leur permettaient pas de s'opposer à un tel mouvement. Et qui sait si, une fois victorieux, nous ne pouvions pas pousser une pointe jusqu'en Bavière ?

Pour exécuter ce plan avec quelque chance de succès, il eût fallu, comme nous l'avons dit, préparer dans le plus grand secret un ou deux corps de dix à vingt mille hommes, les diriger par des chemins différents vers la ville assiégée, sans que l'ennemi pût se douter du projet, et les jeter à l'improviste sur Montbéliard qui était très-mal défendu, et de là sur Belfort où l'armée de Trescow, qui n'avait pas encore reçu de renforts, prise entre le feu des assiégés et celui des nouveaux arrivants, ne pouvait évidemment pas faire de résistance. Une fois les deux places prises, et même seulement Montbéliard, à défaut de Belfort, on avait le temps d'attendre des forces plus considérables qui, en menaçant les derrières de l'armée sous Paris, ou bien en poussant en avant dans le duché de Bade, opéreraient la plus heureuse diversion. Un premier projet, proposé par Bourbaki, consistait à diriger le gros de son armée vers Montargis et la forêt de Fontainebleau pour essayer de débloquer Paris, tandis que Bressolles et Garibaldi agiraient du côté de Dijon et de Gray pour occuper l'ennemi et l'empêcher de concentrer ses forces. On espérait de la sorte parvenir à faire lever le siége de Belfort.

Mais ce plan fut repoussé, on trouva à Bordeaux que les corps qui auraient marché sur Paris (tout au plus cent mille hommes), et ceux qui auraient opéré pour dégager Belfort (cinquante mille hommes environ), n'étaient pas suffisants pour assurer le succès d'une telle entreprise.

On décida donc une grande expédition avec une armée aussi considérable qu'on pourrait la réunir.

Une fois le plan définitif arrêté, à raison même des difficultés qu'il présentait, il était urgent de l'exécuter le plus promptement possible afin de ne pas laisser le temps à l'ennemi, qui, depuis que les opérations dans le Nord et sur la Loire étaient terminées, avait des forces disponibles et en grand nombre, de venir au secours de l'armée de Werder sous Belfort. Malheureusement le défaut d'organisation, l'incapacité ou le mauvais vouloir de l'intendance et des officiers chargés du transport des troupes, amenèrent un désordre complet. La marche en avant de cette armée ressemblait dès le commencement à une débâcle. Les soldats de la Loire, démoralisés par leurs défaites successives et leurs longues souffrances, se laissaient conduire à Belfort comme un troupeau qu'on mène à la boucherie; un grand nombre d'entre eux jetaient leurs armes sur les routes ou les abandonnaient où ils séjournaient. Dans la gare de Besançon on en recueillit de quoi charger sept à huit voitures. Rien n'avait été prévu; sur ces chemins couverts de glace, les fers des chevaux n'avaient pas même de *grappes*, et les habitants des villages étaient obligés, pour que l'artillerie pût gravir les plus faibles montées, de semer de la cendre sur la neige durcie. La même imprévoyance se remarquait partout. Les troupeaux de bœufs qui suivaient l'armée, maigres, exténués, à peine nourris (on ne leur donnait à manger qu'une seule fois par jour), tombaient le long des routes. Les chevaux de la cavalerie n'étaient guère mieux soignés; ils passaient la nuit attachés en plein air, la selle sur le dos. Les officiers, pour la plupart, trouvaient au-dessous d'eux de s'occuper de ces détails, et les populations apitoyées fournissaient ce qu'elles pouvaient de vivres, de chaussures, de vêtements aux malheureux soldats qui manquaient de tout.

Pour arriver plus vite sous Belfort, on avait eu la malheureuse idée de transporter à peu près toutes les troupes par les voies ferrées.

Au lieu de charger des employés de chemin de fer ou des hommes spéciaux de procéder au transport de cette immense quantité de soldats, de chevaux et de matériel, on laissa l'initiative des mesures à prendre à chaque chef de corps. L'embarquement comme le débarquement ne se faisaient pas à des points fixes et échelonnés sur toute la ligne, mais ils s'exécutaient à volonté et la plupart du temps dans des gares de dimensions complétement insuffisantes. Comme à Clerval, par exemple, où fut dirigée toute l'armée de vingt-cinq mille hommes du général Bressolles. Bientôt l'encombrement et le désordre atteignirent des proportions inouïes. Des régiments passèrent cinq ou six jours dans des wagons, sans descendre, attendant à toute minute un ordre de départ [1].

Les vivres et les fourrages s'accumulaient en certains

1. Le 4e bataillon de la légion de marche du Rhône a attendu trois jours et trois nuits en wagon à Dôle.

endroits, et dans d'autres, hommes et bêtes n'avaient rien à manger. De grands troupeaux de bœufs destinés à nourrir l'armée, des chevaux périrent de faim dans des wagons qui les transportaient, tandis qu'à une faible distance des approvisionnements de fourrages se perdaient inutilement.

Les chemins de fer, ces puissants et rapides moyens de locomotion, ne servirent, en cette circonstance comme en bien d'autres durant cette malheureuse campagne, qu'à retarder nos mouvements au lieu de les accélérer. Les Prussiens qui allaient à pied arrivaient toujours avant nous.

Ce défaut d'organisation, qui eut pour résultat un si funeste et inextricable encombrement, non-seulement paralysa un mouvement dont l'unique condition de succès était la rapidité, mais démoralisa et affaiblit dès le début nos soldats, en les exposant aux souffrances du froid et de la faim.

Ici, comme partout depuis le commencement de la guerre, le manque d'unité dans la direction fut une des causes principales de l'insuccès. Chaque chef de corps faisait arrêter ou aller en avant ses soldats, selon son bon plaisir. On perdait du temps en fausses manœuvres, à faire garer les trains, et un seul train immobilisé causait des heures et bientôt des journées de retard. Quand un convoi arrivait dans une gare, les soldats descendaient. Puis les chefs conféraient entre eux et décidaient s'il fallait demeurer ou pousser en avant, mais sans s'inquiéter jamais des moyens de transport dont ils pouvaient disposer.

CHAPITRE II.

L'armée de Bourbaki se met en marche (27 décembre). — Werder se replie sur Belfort. — Manteuffel s'avance à son secours avec l'armée dite du Sud. — Les Français sur la rive gauche du Doubs. — Les *Vengeurs* de Malicki.

Le 27 décembre le mouvement en avant de l'armée de l'Est s'accusait nettement sur Châlons et sur Chagny. Le 18e et le 20e corps, commandés par Billot et par Clinchant, s'embarquaient à Vierzon pour Chagny et Beaune. Le 15e corps, commandant Martineau, était resté en arrière pour dissimuler notre mouvement à l'ennemi.

A la nouvelle de notre marche vers l'Est, les Prussiens évacuèrent précipitamment Dijon, qui fut occupé quelques jours après par le général Cremer et plus tard par Garibaldi. Toutefois, ce ne fut guère que le 5 janvier, *quinze jours* après le premier départ de Bourges, que les opérations militaires proprement dites purent être connues. Le 18e et le 20e corps avaient mis tout ce temps pour arriver de Vierzon à Besançon. A pied, les soldats eussent certainement fait le chemin en moins de huit jours.

L'armée de l'Est se composait de quatre corps : le 15e, le 18e, le 20e, le 24e de la division Cremer (quinze mille hommes), plus un régiment de huit à neuf mille hommes, soit en tout environ cent quarante mille et quatre cents pièces de canon de différents calibres, dont la plus grande partie n'avaient pas encore servi.

L'armée de Garibaldi, portée de quatorze mille à quarante mille hommes, devait soutenir l'armée de l'Est et opérer avec elle, se tenant en arrière, plus au sud, dans la vallée de l'Ognon.

Au commencement de cette campagne, le général italien occupait Dijon. Il y était entré le 7 janvier, comme nous l'avons dit, et Werder l'avait quitté dès le 27 décembre se dirigeant sur Gray.

Le plan de Bourbaki, et qui fut définitivement arrêté en conseil de guerre à Besançon, était le suivant : L'armée de l'Est devait marcher sur Vesoul et sur Lure où s'étaient concentrés les soldats de Werder, les disperser et appuyer ensuite sur Belfort, où Trescow ne pouvait tenir un seul instant, supposait-on, contre nos forces de beaucoup supérieures. Pendant ce temps, Cremer et Garibaldi protégeraient nos derrières et empêcheraient tout corps de troupes de se porter au secours de Werder.

Malheureusement ce projet, pour ce qui concerne Cremer, ne fut pas exécuté. Ce général reçut de Bourbaki l'ordre de marcher sur Vesoul par Gray, pour former l'aile gauche extrême devant Belfort.

Lorsque Cremer arriva à Vesoul les Prussiens venaient d'évacuer cette ville.

§ I.

Les Allemands n'avaient pas prévu l'expédition de Bourbaki contre Belfort. Ils furent étonnés de cette nouvelle, mais non surpris.

Le général Werder, menacé d'être coupé à Dijon par l'armée de l'Est, avait eu le temps d'évacuer la Côte-d'Or et de se porter à marches forcées sur Vesoul où il concentra son armée. Malgré un froid terrible, ses troupes, au nombre de trente-six mille hommes, y arrivèrent en deux jours. Là elles se joignirent à un détachement que de Goltz avait amené de Langres et à la 4e division de réserve commandée par le général Schmehling.

Werder avait quitté si précipitamment Dijon qu'il n'avait même pas emmené ses malades et ses blessés et qu'il ne leur avait laissé aucun secours

Voici, du reste, les instructions qu'il avait reçues de Versailles à la date du 7 janvier, et qui lui firent quitter Dijon le même soir :

« Quoi qu'il arrive, il faut couvrir le siége de Belfort. S. M. l'empereur espère que Votre Excellence, après avoir assuré ses derrières à l'ouest des Vosges, pourra, en rassemblant au besoin toutes les troupes qui ne seront pas absolument nécessaires, résister jusqu'au moment où nos autres corps (le 2e et le 7e) entreront en ligne sous le général von Manteuffel.

« Comme les opérations de l'armée assaillante, très-mal montée en vivres et en munitions, sont liées à la possession du chemin de fer, vous menacerez celui-ci par une attaque en queue; cette attaque produira un grand effet, et nous indiquera le moment favorable pour prendre l'offensive. Le gouverneur général d'Alsace-Lorraine est chargé de préparer et, le cas échéant, d'accomplir la destruction des voies ferrées Langres-Chaumont, Saint-Loup et Épinal. »

A la suite de cet ordre, Werder continua son mouvement en arrière. De Vesoul il se porta à Lure où il ne laissa que quelques troupes pour nous observer, et il arriva sous Belfort le 11 au matin.

§ II.

Ce même jour Manteuffel, appelé à Versailles pour y recevoir les instructions verbales du roi Guillaume, quittait cette ville pour rejoindre son armée à Châtillon-sur-Seine. Il y arrivait le 12. A cette date, il se trouvait par conséquent au moins à dix journées de marche de Belfort. Sans laisser prendre un seul jour de repos à ses troupes, qui étaient venues de Paris ou du Nord en doublant les étapes, il donne l'ordre du départ.

Le corps de Zastrow, qui se trouvait à Auxerre, eut pour instruction de se rapprocher de Montbard. En même temps deux régiments d'infanterie furent dirigés de Metz et de Chaumont également vers Montbard sous le commandement de Dannenberg[1].

1. Wartensleben, die Operationen der Sud-armee.

Le général prussien, avec le 2e et le 7e corps, avait eu d'abord l'intention de s'emparer de Dijon en faisant attaquer Garibaldi dans cette ville avec toutes ses forces ; mais le but étant Belfort et l'Alsace, il aima mieux se diriger au plus vite sur Vesoul. De la sorte, dans le cas où Werder, ne pouvant pas résister à Bourbaki, serait obligé de battre en retraite sur l'Alsace, l'armée de Manteuffel pouvait prendre en queue les troupes françaises, et dans le cas où, au contraire, ce serait Werder qui chasserait les Français devant lui, il pouvait leur couper la retraite quelle que fût la direction qu'ils jugeraient à propos de prendre.

L'effectif total qui avait été mis sous les ordres de Manteuffel se composait de cent dix-huit bataillons, cinquante-quatre escadrons, cinquante et une batteries, et s'élevait environ au chiffre de quatre-vingt-seize mille hommes. L'armée qui assiégeait Belfort comptait dix-sept mille hommes et Werder en avait trente-trois mille avec lesquels il pouvait opérer en rase campagne. Mais comme les Prussiens étaient obligés d'occuper Nuits, de surveiller la ville forte de Langres et de tenir en respect Garibaldi à Dijon, l'effectif de Manteuffel se trouvait réduit en réalité à quarante mille hommes.

§ III.

Depuis le commencement de novembre, la rive gauche du Doubs était occupée dans les environs de

Lisle par des compagnies de mobiles qui avaient pour mission de garder la ligne de retraite du Lomont. Ces troupes, comme nous l'avons vu, s'étaient bornées à échanger quelques coups de fusil avec les Prussiens quand elles en apercevaient sur la rive droite de la rivière, mais elles n'avaient jamais rien tenté pour les inquiéter sérieusement. Cependant avec des chefs doués de la moindre initiative, il eût été facile de s'emparer par surprise de Montbéliard à peine gardé par une faible garnison prussienne.

Au moment où nous en sommes de notre récit, à la fin de décembre, des compagnies de mobilisés sous le commandant supérieur M. de Jouffroy, tenaient depuis quelques jours en respect les Prussiens qui essayaient d'occuper le plateau de Blamont. Dans les journées du 20, du 29 et du 30 divers petits engagements assez heureux eurent pour résultat de barrer le passage aux Allemands. Mais jusqu'à l'arrivée des *Vengeurs* aucune action générale ne fut tentée. Ces *Vengeurs* formaient un corps de mille à douze cents hommes commandés par un aventurier du nom de Malicki. C'était un ramassis de soldats de toutes les nationalités. Ils avaient de la cavalerie, des chassepots, deux mitrailleuses, et l'on fondait sur leur fière attitude les plus belles espérances.

Le 2 janvier, renforcés d'une compagnie de zouaves, ils attaquèrent les Prussiens à Abbevillers et à Croix, bien que l'ordre leur eût été envoyé de la division de Besançon, de se borner à prendre position sur les plateaux et d'occuper Tulay et Hérimoncourt. Les autres troupes qui se trouvaient en cet endroit ayant obéi aux ordres venus de Besançon, les *Vengeurs* ne furent pas soutenus dans leur attaque. Après une fusillade qui dura deux heures, ils se crurent cernés par un corps de deux mille Prussiens ; ils se débandèrent et passèrent pour la plupart en Suisse, du côté de Glay. Rien ne les obligeait cependant à franchir la frontière, ils auraient pu aisément revenir à Blamont, aucun ennemi ne leur fermant la route, mais ils préférèrent sans doute mettre fin aux fatigues de la campagne en rendant leurs armes à nos voisins.

Malicki, leur chef, demeuré à Blamont pour se porter, disait-il, sur les points où sa présence serait nécessaire, en apprenant cette triste nouvelle, partit pour Clerval et depuis ce moment on ne le revit plus. On sut plus tard qu'il avait passé lui aussi en Suisse sous des habits de paysan; ce qui ne l'empêcha pas de télégraphier ce jour même à Bordeaux, qu'à 6 heures, il était maître de Bondeval, d'Hérimoncourt et de Glay et qu'il avait chassé la veille tous les Prussiens du plateau.

Quatre cent cinquante hommes de ces *Vengeurs* revinrent à Besançon où ils furent traités de la façon la plus cruelle par le général Rolland qui avait cependant à s'imputer une partie de la responsabilité de leur échec [1].

Là encore comme partout durant cette malheureuse

1. Si l'aventurier Malicki était resté un ou deux jours de plus, il emportait encore 10,000 fr. à ses troupes. Le 3 en effet, le procureur de la république à Lyon prévenait le juge de paix de

campagne, c'était faute d'entente, faute d'une direction unique, que l'attaque avait échoué. Chacun voulait commander en chef et prétendait n'avoir d'ordres à recevoir de personne. Le commandant des *Vengeurs*, dans un conseil de guerre, tenu entre les officiers supérieurs à Blamont, avait refusé d'occuper le poste de Tulay qui lui avait été assigné dans l'action générale et déclaré qu'il ne resterait même pas sur le plateau, ayant une mission qu'il devait remplir dès le lendemain 31 janvier (c'était peut-être de passer en Suisse) et pour l'exécution delaquelle il devait occuper Abbevillers, puis Vaudoncourt ou Croix. Il possédait disait-il, des pouvoirs spéciaux du ministre de la guerre qui le mettaient en dehors de l'autorité des généraux. Rien du reste n'avait été organisé pour la subsistance de ses troupes que la division avait envoyées sans intendance, sans approvisionnement, dans un pays où pour vivre, les soldats étaient obligés de piller.

Au moment dont nous parlons, c'est-à-dire à la fin de décembre et dans le commencement de janvier, si le général de division Rolland, qui commandait alors à Besançon, avait voulu tenter un mouvement sérieux du côté de Blamont, et y envoyer quelques régiments bien commandés avec un certain nombre de pièces de canon, il n'y avait pas, au dire de tous ceux qui étaient en mesure d'être bien renseignés, d'entreprise plus facile que de réoccuper Montbéliard, clef de la position

Saint-Hippolyte, qu'il envoyait par un exprès 10,000 fr. aux *Vengeurs*, dont on ne connaissait pas encore la défaite.

pour l'armée de l'Est qui allait arriver, et de s'emparer de Croix et de Delle, où se trouvaient fort peu de troupes, avant que les soldats de Werder qui occupait encore la Côte-d'Or et la Haute-Saône fussent venus renforcer le corps assiégeant de Trescow.

Le général Bressolles, dès le 30 décembre au soir, télégraphiait de Besançon à Bourbaki pour lui rendre compte de cette situation du plateau de Blamont menacé par l'ennemi, et demandait l'autorisation d'y envoyer trois ou quatre mille hommes avec de l'artillerie et les légions du Rhône commandées par de Busserolles ou même seulement une petite brigade avec deux batteries. Mais il paraît que Bourbaki ne donna pas cette autorisation, ou que la division de Besançon changea d'avis, car les plateaux demeurèrent abandonnés, malgré les réclamations incessantes des quelques troupes qui s'y trouvaient et qui ne demandaient qu'à marcher en avant dès qu'elles se sentiraient soutenues.

Le commandant supérieur des mobilisés, M. de Jouffroy, ne pouvant rien obtenir, lorsque tout le monde comprenait si bien ce qu'il y avait à faire, donna sa démission en la motivant sur la mauvaise volonté de la division de Besançon, mais le général Rolland le fit arrêter, sous prétexte qu'il avait abandonné son poste, tandis qu'au contraire il organisait la défense sur le plateau de Blamont.

Le 31 décembre l'ennemi avait fait des démonstrations à Lisle-sur-le-Doubs et à Clerval pour nous occuper, tandis que s'opérait la concentration de Werder. Les Prussiens qui étaient venus à Pont-de-Roide y avaient pris tout le fil de fer qu'ils y avaient trouvé pour enlacer les arbres des forêts et retarder la marche de nos soldats dans le cas où ils auraient voulu opérer un mouvement par les bois.

Lorsque Werder fut arrivé, ne sachant au juste de quel côté les Français porteraient leurs efforts, il fit occuper solidement Croix et Delle, points extrêmes de la ligne prussienne du côté de la Suisse et par où l'armée de Belfort aurait pu être aisément tournée. Les douze mille hommes qui se trouvaient dans cette position au moment de l'attaque des *Vengeurs* furent portés à huit à dix mille, et reçurent une nombreuse artillerie de renfort. Ils étaient massés entre Delle, Abbevillers et Exincourt et leur artillerie occupait toutes les hauteurs. Il en fut de même à Monbéliard où les Prussiens commencèrent à se fortifier solidement.

A partir de ce moment l'occasion était manquée et il n'y avait plus rien à tenter de ce côté-là.

CHAPITRE III.

Bataille de Villersexel. — Les Français s'emparent d'Arcey et de Sainte-Marie. — Les trois journées des 15, 16 et 17 janvier. — Bourbaki prend la résolution de se replier sur Besançon.

Au commencement de janvier, Bourbaki n'avait pas encore opéré son mouvement de concentration.

Le vingtième corps qui n'avait pu traverser l'Ognon, les ponts ayant été détruits par les Prussiens lorsque ceux-ci avaient quitté Dijon pour marcher sur Vesoul, était obligé de pousser jusqu'à Voray pour effectuer son passage.

Le temps était devenu si froid et la rivière était gelée à une telle profondeur, que le dix-huitième corps tout entier, vers le 2 janvier, passa à Pesmes, sur la glace, sauf l'artillerie et la cavalerie qui jetèrent un pont de bateaux.

Le vingt-quatrième corps était arrivé de Châlons-sur-Saône à Besançon.

Pendant ce temps, la division badoise, le 29 décembre au soir, s'était dirigée, avec son artillerie, du côté de Vesoul et de Gray pour nous empêcher de passer la Saône. Là eurent lieu quelques combats d'avant-postes avec l'avant-garde de notre armée qui se trouvait, le

5 janvier, à Rioz, sur la route de Besançon à Vesoul. Le 7, Bourbaki avait son quartier général dans le village de Montbozon.

Du 3 au 8 janvier, Werder, tout en continuant de s'avancer sur Belfort, s'efforçait, pour laisser le temps aux renforts d'arriver, d'arrêter la marche de Bourbaki. Plusieurs petits engagements eurent lieu à Vellefaux et à Levresse. Par un mouvement habile qui le rapprochait de l'Ognon, le général prussien amena Bourbaki à s'éloigner de sa route directe et à se porter devant Villersexel, où les Prussiens, le 9 janvier, engagèrent le combat. C'était le premier obstacle sérieux que le général prussien avait placé sur le chemin de l'armée française.

Villersexel, avec son château, propriété de la famille de Grammont, domine la rivière de l'Ognon. En avant, s'étendent de vastes prairies traversées par deux routes.

Notre ligne de bataille s'étendait de Cubry au Magny, comprenant Villersexel, Moimay, Marat et Esprels. Du côté des Allemands, le général Trescow commandait l'avant-garde, de Goltz couvrait le flanc droit, vers Marat, et la division badoise le flanc gauche, vers Vyt-les-Lure.

Ce fut le deuxième corps français qui engagea l'action. Les Prussiens avaient établi leurs batteries sur les hauteurs de la rive droite de l'Ognon. Nos troupes se mirent en bataille sur la rive gauche dans une assez bonne position.

L'artillerie, postée sur les collines, commença l'attaque.

Les réserves de l'infanterie cachées à l'ennemi se

tenaient en arrière. Mais en ripostant, avec leur tir à longue portée, les Prussiens envoyèrent des obus sur ces réserves qui furent obligées de se déplacer.

Peu de temps après le début de l'affaire, le dix-huitième corps français, qui avait attaqué l'ennemi en écharpe, attira toute son attention, et fit cesser son feu sur nos batteries de la rive gauche.

Vers les quatre heures de l'après-midi, les Prussiens prirent l'offensive, et déployant une nuée de tirailleurs, firent une démonstration sur notre flanc. Mais l'artillerie qui s'était mise en position les rejeta en arrière. Bourbaki profitant du moment de confusion produit par cette retraite, ordonna à l'infanterie de marcher en avant.

L'avant-garde française, formée d'un bataillon du 25e de ligne, fut accueillie par un feu bien nourri qui partait du château. De plus, le pont solidement barricadé lui défendait le passage. Mais sans s'inquiéter de l'artillerie prussienne, qui faisait converger tous ses feux sur eux, nos soldats prirent par un petit pont de bois qui conduisait dans le parc et une fois là, ils se précipitèrent à la baïonnette et enlevèrent en un instant la position, aux cris de « Vive la France ! vive la République ! » Ils avaient fait six cents prisonniers et pris deux drapeaux.

Le château tout entier fut consumé par les flammes. On trouva dans les décombres les cadavres de plus de quatre cents Prussiens.

Ce furent les mobiles des Vosges et le 44e de marche qui eurent en grande partie l'honneur de cette brillante attaque.

Pendant ce temps, la brigade prussienne de Goltz luttait, avec des alternatives de fortune diverses, du côté de Marat, mais à chaque instant sa position devenait plus critique. Werder, jugeant enfin qu'il était impossible de garder plus longtemps Villersexel, ordonna la retraite. Son but, du reste, était en partie atteint ; il avait retardé de deux ou trois jours la marche de Bourbaki sur Belfort, et les renforts approchaient.

Les prisonniers, interrogés sur le nombre des forces mises en avant par l'ennemi dans cette affaire, l'évaluèrent à trente mille hommes. De notre côté, nous avions quatre corps, mais le vingtième et le dix-huitième seulement furent engagés.

Le général en chef de l'armée française se conduisit admirablement dans cette journée. Il marcha lui-même, et par deux fois, en avant à la tête de ses troupes. Personne, du reste, n'a jamais contesté la bravoure de Bourbaki, mais il n'avait certainement pas l'étoffe d'un général en chef; il était incapable de diriger de grandes masses d'hommes. Il se perdait dans le détail et ne possédait point cette largeur de vues, cette synthèse de conception qui permettent de disposer pour les faire concourir à un but unique, les éléments si divers qui composent une armée.

Au lieu de profiter de la retraite de Werder pour se porter rapidement en avant sur Belfort, il s'obstina à s'emparer complétement de Villersexel, maison par maison, bien que la nuit fût complétement close. On se battit même pendant quelque temps par un magnifique clair de lune.

A sept heures et demie, Bourbaki, qui était revenu à Rougemont, télégraphiait à Bordeaux : « La bataille finit à sept heures. La nuit seule nous empêche d'estimer l'importance de notre victoire. Le général en chef couche au centre du champ de bataille, et toutes les positions assignées à l'armée pour ce soir, par l'ordre de marche d'hier, sont occupées par elle. Villersexel, clef de la position, a été enlevé aux cris de « Vive la « France ! vive la République ! » — A demain le résultat. »

Pendant la nuit, ce qui restait d'Allemands dans le bourg se retira, et lorsque le lendemain 10, le général Bourbaki voulut renouveler le combat, il ne se trouva plus en présence que de faibles détachements d'arrière-garde. Tout le quatorzième corps allemand avait disparu.

Il laissait entre les mains du vainqueur quatorze cents prisonniers, qui furent envoyés à Besançon.

Personne ne doutait à ce moment du succès définitif, de la levée du siége de Belfort. Tous les moyens furent employés pour apprendre à la garnison de la ville assiégée l'approche de nos troupes et pour l'engager à faire une sortie afin d'opérer une diversion, et d'appuyer l'attaque de Bourbaki. Ce fut un brave mobilisé, un Suisse, qui porta dans la place, en courant plusieurs fois le risque d'être fusillé, la dépêche de la victoire de Villersexel. Il avait cousu cette dépêche dans le talon de son soulier.

Werder s'était retiré en pleine déroute à travers les bois.

Si Bourbaki avait su profiter de l'avantage qu'il venait de remporter, les Prussiens étaient perdus ; Werder eût été coupé de l'armée qui assiégeait Belfort, et de ses communications avec le Rhin.

Dès le soir du 10 janvier, après une marche de dix heures, le général prussien se trouvait avec ses troupes près de Bonchamp, et le 11 il occupait les positions de la Lisaine et d'Héricourt.

Il nous restait encore une chance pour assurer le succès définitif de la bataille de Villersexel, c'était que Cremer avec sa division pût arriver à temps à Lure, où il lui était facile de couper la retraite aux soldats de Werder, et, en isolant Trescow, d'assurer la levée du siége de Belfort. Mais par suite de retards imprévus, et de plusieurs contre-ordres, il n'avait quitté Dijon que le 8, c'est-à-dire la veille de la bataille.

§ I.

Le 13 janvier, les premières colonnes de l'armée de l'Est arrivèrent devant Arcey et Sainte-Marie.

Arcey, situé au point d'intersection des routes de Montbéliard et de Belfort, de Villersexel et de Lisle-sur-le-Doubs, offrait une formidable position à l'ennemi qui s'était établi, depuis le 20 décembre, sur les éminences fortifiées environnant le bourg. Les Prussiens avaient concentré là de nombreux approvisionnements de toutes sortes, principalement en fourrages et en bestiaux.

Bourbaki comprit qu'il était nécessaire d'enlever ce second obstacle pour se rapprocher de Belfort. Il établit son aile droite à Sainte-Marie, et appuya son aile gauche aux positions qu'il avait conquises à Villersexel.

Presque partout nos troupes occupaient les hauteurs. La ligne de bataille s'étendait au moins sur cinq lieues de front. Notre artillerie, dissimulée dans les bois de Marvelise, couvrait d'obus les positions prussiennes, tandis que nos soldats, protégés par le canon et profitant des accidents de terrain, s'avançaient contre les Allemands.

A midi, les Prussiens étaient obligés d'abandonner Arcey et Chavanne, en laissant entre nos mains soixante-six prisonniers.

Nos soldats, profitant de l'avantage, emportèrent successivement Desandans, Amondans, Echenans et Saint-Julien. L'ennemi battait en retraite sur Tavey et Couthenans, du côté d'Héricourt.

Là encore Bourbaki paya généreusement de sa personne et électrisa ses troupes.

A trois heures du soir, il envoyait à Bordeaux le télégramme suivant, daté d'Onans :

« Les villages d'Arcey et de Sainte-Marie viennent d'être enlevés avec beaucoup d'entrain, et sans que nos pertes aient été trop considérables, eu égard aux résultats obtenus.

« Je gagne donc encore du terrain. »

§ II.

Le 11, il y avait eu des engagements assez vifs sur la rive gauche du Doubs, du côté de Blamont. Les francs-tireurs de Bourras, les mobiles du Doubs et la compagnie franche du capitaine Viette, attaqués par les Prussiens, à Abbevillers, avaient énergiquement résisté et s'étaient maintenus dans leurs positions.

Les trois bataillons des mobiles du Doubs, commandés par M. de Vezet, venaient d'arriver sur le plateau et pouvaient, en se joignant aux troupes qui s'y trouvaient déjà, faire une diversion utile pour Bourbaki. Le jour de l'affaire d'Arcey, le 13, le colonel reçut de la division de Besançon, qui s'était réservé de conduire les opérations de la ligne du Lomont, l'ordre d'attaquer à la pointe du jour avec toutes ses forces, et de s'emparer de la route de Montbéliard à Delle. Ce mouvement avait pour but de couper aux Prussiens la chemin de Delle. Mais le commandant des mobiles, au lieu d'attaquer au moment qui lui avait été prescrit, perdit du temps à délibérer sur ce qu'il devait faire, et lorsque enfin il se décida, il était déjà deux heures après midi. Aussitôt que ses soldats furent en ligne, après une assez vive fusillade, il fit sonner la retraite; les Prussiens, disait-il, avaient reçu du renfort.

Contrairement aux intentions de la division, il n'y eut donc là qu'une simple démonstration qui n'aboutit à aucun résultat.

Le petit corps des francs-tireurs de Bourras renforcé d'une colonne de mobiles du Doubs, avait en même temps essayé un mouvement sur Croix ; mais sans succès. C'était là que les Prussiens se trouvaient le mieux fortifiés.

Ces deux attaques simultanées, mais mal conduites, sans entente et sans connaissance suffisante des positions de l'ennemi, n'eurent d'autre effet que de donner l'éveil aux Prussiens qui se retranchèrent encore plus fortement de ce côté du Doubs.

Comme nous l'avons dit, l'état-major de Besançon s'était réservé le commandement sur ce point. Les troupes qui occupaient le plateau, n'avaient aucune communication avec Bourbaki qui opérait sur l'autre rive, et ce fut par une dépêche de Bordeaux qu'elles eurent connaissance de la victoire de Villersexel. Cependant l'armée de l'Est n'était éloignée que de quelques kilomètres. On se rappelle que tous les ponts sur le Doubs avaient été détruits. Malgré les télégrammes pressants qu'envoyait du quartier-général M. de Serres à Besançon pour faire rétablir ces ponts, surtout celui de l'Isle le plus promptement possible, les communications entre les deux rives n'existaient pas encore.

Sur les ordres répétés de la division de Besançon, une seconde attaque fut tentée par le colonel de Vezet. Mais à peine ses troupes étaient-elles en vue des Prussiens qu'il les croyait cernées et donnait encore une fois l'ordre de battre en retraite. Or l'ennemi n'avait pas fait un seul pas en avant. Nos soldats furieux s'emportaient en injures contre leurs chefs et déclaraient qu'ils ne voulaient plus marcher. Ce système qui consistait à faire sonner la retraite aux troupes à peine engagées a été, du reste, appliqué à peu près partout pendant la durée de la campagne.

§ III.

Après la bataille d'Arcey, Bourbaki avait poursuivi sa marche en avant sur Belfort. Le 14, il n'y eut guère que des combats d'avant-postes dont profita Werder pour prendre position derrière la Lizaine.

Le général Trescow avait le même jour opéré la concentration de la majeure partie de l'armée assiégeante dans les environs de Banvillard, tandis que l'artillerie occupait par une énergique canonnade les assiégés et les empêchait de sortir.

La Lizaine, cette petite rivière historique, et qui fut le théâtre des derniers combats des soldats de la France, se jette dans le Doubs, après avoir passé à Montbéliard. Jamais on ne pourrait se douter à voir ce cours d'eau, qui n'a jamais arrêté un chasseur et qui du reste était profondément gelé à ce moment, que Bourbaki l'a présenté comme une ligne stratégique de premier ordre, qui a suffi pour briser tous les efforts de son armée.

La rive sur laquelle nous nous trouvions, est très-accidentée et couverte de forêts. Mais au sortir de ces bois, les routes qui débouchent sur Chagey et Couthenans sont dominées par le mont Vaudois où l'ennemi avait établi ses batteries.

Du côté de Chenebier, point extrême de notre ligne à gauche, la vallée est large et offre un grand espace où les troupes peuvent se déployer.

Le général allemand avait pris pour centre de son action Bourogne; il s'était mis en rapport par des éclaireurs à cheval avec le télégraphe de campagne dont la station était à Brévilliers.

Werder se trouvait dans une dangereuse position ; il était pris entre deux feux. Derrière lui il avait la vaillante garnison de Belfort, et en face un ennemi très-supérieur en nombre. Sa ligne de combat s'étendait de Frahier jusqu'à Chenebier, Luze, Héricourt, Bethoncourt, Montbéliard et Delle.

La défense d'Héricourt avait été confiée au général Schmehling.

Le général Willisen couvrait la route de Luze à Ronchamp jusqu'à Frahier. Trois brigades badoises se tenaient dans les environs de Chalons-Villars jusqu'à Chenebier et Chagey. La brigade Goltz, appuyée de la quatrième division de réserve, s'étendait de Conflans jusqu'à Chavanne, Desendans et Échenans. Un détachement commandé par Zimmermann occupait Montbéliard, et enfin un corps commandé par Debchitz tenait Beaucourt, Delle et les environs.

La plus grande partie de l'artillerie ennemie avait été mise en position sur le chemin de Luze et sur le mont Vaudois entre Luze et Héricourt. Le plateau de Charmont au nord-est de Montbéliard était également armé de grosses pièces de campagne qu'on avait enlevées aux travaux de siége de Belfort. Bussurel et le chemin de fer ainsi que Bethoncourt étaient occupés par deux bataillons de landwehr.

Toute la ligne de la Lizaine, bien garnie de troupes et de canons, nous opposait une solide résistance. Sur les pentes s'élevaient plusieurs étages de batteries armées de pièces de siége de gros calibre.

Sur la route de Montbéliard à Héricourt les Prussiens avaient fortifié Tavey, Bians, Vyans, Coisevaux, Couthenans, Chagey, etc. Leurs positions étaient des plus fortes et d'autant plus difficiles à enlever qu'il fallait y arriver par des chemins glissants couverts de neige durcie où notre artillerie, dont les chevaux n'étaient pas ferrés à glace, et les convois ne pouvaient passer.

Dans les clairières du bois de la Brosse, les Prussiens avaient établi des batteries de campagne.

Voici comment nos troupes se trouvaient distribuées :

Le vingtième et le quinzième corps venant de Villersexel avaient pour objectif l'aile droite de l'ennemi. Le dix-huitième corps menaçait le centre avec le vingt-quatrième corps pour réserve. Le quinzième corps était opposé à l'aile gauche des Prussiens.

L'artillerie, composée de plus de cent bouches à feu et de deux batteries de mitrailleuses, était déployée sur notre front.

Le plan de Bourbaki pour la journée du 15 consistait en une attaque simultanée sur toute la ligne.

Nos soldats, abrités par les bois qui couvrent la montagne, devaient déboucher sur des points dégarnis, et commandés par le feu des batteries prussiennes. Tout le plan de l'ennemi consistait à avoir établi ces solides batteries pour nous accueillir par un feu terrible au sortir du couvert et nous empêcher d'avancer contre les villages qu'il occupait.

Luze, Couthenans, Chagey, et plus à gauche Étobon et Chenebier, furent attaqués par nos troupes dans l'après-midi. Depuis le matin, au moyen de la grande route abritée qui traverse la forêt, nos différents corps avaient gagné leurs positions respectives jusqu'au moment où ils reçurent le signal de marcher tous en avant.

Sur la droite, à Couthenans, nous occupons le village que les Prussiens nous laissent prendre, mais où ils nous couvrent de projectiles.

A Chagey, le feu nourri de l'ennemi empêche d'avancer nos colonnes; cependant le village est emporté après une lutte meurtrière, mais sans que nous puissions aller plus loin.

A trois heures les Prussiens passent de la défensive à l'offensive, et tentent un mouvement tournant qui est repoussé sur toute la ligne.

La troisième division, qui avait été chargée de l'attaque de Chagey, fut obligée de céder, après avoir perdu près d'un millier d'hommes avant de se retirer.

A l'extrême gauche, Cremer établi à Étobon s'était borné à engager un combat d'artillerie avec les batteries de Chenebier. Vers le soir il avait appuyé l'attaque de la troisième division contre Chagey, et la nuit était déjà tombée qu'il tiraillait encore avec les Prussiens, mais sans que d'un côté ni de l'autre il y eût un avantage marqué.

En résumé, cette journée avait été, on peut le dire, sans aucun résultat. Aussi dans les deux camps les généraux purent s'en attribuer le succès.

Bourbaki annonça à Bordeaux sa victoire, et de son côté Werder télégraphiait à Manteuffel, de Brévilliers, à 10 heures du soir : « L'ennemi m'a attaqué autant que j'en puis juger avec quatre corps, et surtout avec de l'artillerie. Sur tous les points son attaque a été repoussée, et j'ai conservé mes positions. J'ai perdu aujourd'hui de trois à quatre cents hommes ; le combat a duré depuis neuf heures et demie du matin jusqu'à six heures et demie du soir. »

Dans la nuit du 15 au 16, et malgré un froid très-vif, les troupes bivouaquèrent en plein air. Les Allemands se ravitaillèrent en vivres et en munitions, tandis que nos soldats eurent à souffrir de la faim.

Voici comment un correspondant anglais raconte cette terrible nuit :

« Ce fut la plus rude nuit que nous ayons eue, et il serait impossible de donner la moindre idée de nos souffrances... Les Prussiens étaient distants de nos avant-postes de 800 mètres seulement, et nonobstant cette proximité et en opposition avec toutes les règles militaires nous allumâmes des feux, avec autant de fagots — tous de bois vert — que nous pûmes nous en procurer. Autour de ces feux se confondaient, sans distinction de rangs, généraux, officiers et soldats, et jusqu'à des chevaux, également désireux tous de ne pas mourir de froid. Le thermomètre marquait 18° au-dessous de zéro ; un vent fort aigu soufflait sur le plateau, chassant devant lui des nuages de neige, nous aveuglant et formant autour des hommes de petits tas dans lesquels ils étaient enfoncés jusqu'aux genoux. Assis sur nos havre-sacs, nous passâmes la nuit avec les pieds dans le feu, espérant conserver ainsi notre chaleur vitale... » Le même correspondant ajoute « qu'on souffrait en outre de la faim, et que le corps de Cremer, notamment, n'eut rien à manger de trente-six heures. »

Un témoin oculaire raconte que les chevaux d'artillerie du corps de Cremer restèrent trois jours sans rien manger ; qu'ils rongeaient les rayons des roues et s'arrachaient la crinière et la queue.

Le 16 un épais brouillard couvrit toute la contrée, et bien qu'on vît à peine devant soi, notre artillerie commença le feu contre Bussurel et Bethoncourt. Des colonnes d'infanterie s'avancèrent sous bois et s'élancèrent à la baïonnette contre les lignes allemandes.

Tandis que nous attaquions ainsi le centre, notre armée faisait un grand effort d'un autre côté contre l'aile gauche ennemie, et forçait les Badois à abandonner Chenebier et Échavanne, et à reculer jusqu'à Chalons-Villars. Cette brillante attaque était commandée par le général Cremer et l'amiral Penhoat. L'ennemi, tandis que Cremer poussait des reconnaissances pour opérer sa jonction avec le centre de Bourbaki, avait remis de nouvelles pièces en batterie et nous canonnait vigoureusement. Nous reprîmes l'offensive, et après diverses péripéties, le village de Chenebier fut enlevé par nos troupes à la baïonnette. Ce succès fut d'autant plus remarqué qu'il fut dû presque entièrement à de jeunes soldats, à des mobiles qui montrèrent une ardeur et une intrépidité au-dessus de tout éloge. Le colonel Poullet se distingua particulièrement dans cette affaire, et le bataillon tout entier de la Gironde mérita d'être cité à l'ordre du jour, dans le *Moniteur*. Cremer fit trois cents prisonniers. Malheureusement et comme toujours, par excès de prudence, nous ne sûmes pas profiter de notre avantage et le général Degenfeld put se retirer tranquillement avec toute son artillerie sur Frahier.

Les pertes à peu près égales des deux côtés furent évaluées par les Prussiens de 12 à 1500 hommes.

Sur les autres points, notre insuccès était le même. On avait essayé, mais en vain, de passer la Lizaine en divers endroits, à Bethoncourt, à Bussurel, à Héricourt; l'ennemi avait fortifié ces passages d'une façon inexpugnable. Cependant quelques-uns de nos soldats parvinrent jusqu'aux premières maisons d'Héricourt, mais ils ne purent s'y maintenir.

A l'aile droite l'ennemi avait été délogé de Dung, de Bart, de Courcelles et de Sainte-Suzanne; quelques hommes du 15e corps étaient entrés jusque dans Montbéliard, mais ils ne purent s'emparer du château qui était le point important et seul capable d'assurer la possession de la ville. Les Prussiens s'y étaient fortifiés. Ils s'y trouvaient soutenus par une batterie de 24 qui, située hors de la ville, à la Grange-aux-Dames, démontait toutes les pièces que nous essayions de hisser à la citadelle pour battre en brèche le château. De la hauteur qu'ils occupaient, les Prussiens couvraient la ville d'obus, de mitraille et de boulets, mais il eût été encore facile de les en déloger en les canonnant du haut des coteaux de la petite Hollande qui dominent la position. Deux batteries d'artillerie se mirent en route, guidées par un habitant du pays, pour occuper ces hauteurs; mais, arrivées à 50 mètres de l'endroit où elles pouvaient avantageusement se placer, elles firent volte-face et s'en retournèrent. Les officiers prétendirent que nos troupes ne les reconnaissant pas, leur tiraient dessus, qu'ils avaient reconnu les obus français!! Le lendemain, les batteries partaient avec l'armée qui battait en retraite, sans avoir tiré un seul coup de canon. Dans la ville, les quelques soldats qui étaient entrés attendaient à chaque instant du renfort pour attaquer et prendre le château. A eux seuls, ils voulaient tenter l'assaut. On leur avait donné des renseignements pour faire sauter la porte avec un pétard, et on leur avait indiqué un souterrain qui conduisait dans l'intérieur, mais les officiers leur signifièrent l'ordre de quitter la ville.

Si Montbéliard eût été pris, nous allions jusqu'à Exincourt par les plateaux, et l'armée prussienne était tournée. Il ne restait plus aux ennemis que Sochaux dans la plaine; dominés de tous les côtés, ils n'auraient pu s'y maintenir. Ces positions tournées, la route de Delle et celle de Belfort étaient coupées et les ennemis beaucoup moins nombreux que nous étaient obligés de se rendre.

L'attaque de ce côté offrait les plus grands avantages, et rien n'a été tenté.

Le soir à neuf heures, Werder envoyait à Manteuffel, alors à Prauthoy, le télégramme suivant : « L'ennemi a attaqué nos positions sur toute la ligne avec des forces et une énergie variables ; partout il a été repoussé. Seul le général Degenfeld a été obligé de céder devant des forces supérieures, et a dû abandonner sa position de Chenebier pour se retirer sur Châlons-Villars. Je ferai tout pour reprendre Chenebier. Mes pertes, autant que je puis m'en rendre compte, jusqu'à présent sont peu importantes. »

Ce combat de Chenebier mérite d'être signalé comme un des plus beaux faits d'armes de la campagne. Le général Bourbaki, dans sa dépêche au ministre de la guerre, écrivait que « la division commandée par Cremer était la seule qui eût enlevé les positions devant Belfort. »

La nuit était arrivée, et tandis que nos troupes étaient plongées dans un repos dont elles avaient tant besoin, Werder donnait l'ordre au général Keller de reprendre avec les Badois les positions qu'ils avaient abandonnées. La troisième brigade allemande qui avait marché toute la nuit surprit nos soldats vers trois heures du matin par une attaque si subite qu'ils abandonnèrent en désordre Chenebier. Deux compagnies de mobiles, cernées à l'improviste, avaient été faites prisonnières.

Le jour était venu. La pluie commençait à tomber et elle dura jusqu'au soir. L'aile gauche de l'armée francaise qui, après sa retraite de Chenebier, s'était repliée sur Échavanne et Frahier, reprit l'offensive et se jeta sur la 2e brigade badoise qui venait d'occuper ce village. Le général Keller, obligé de se défendre dans une très-mauvaise position, subit des pertes considérables. Mais dans l'après-midi, l'avantage restait aux Allemands qui regagnaient le terrain perdu la veille.

En somme, dans cette journée du 16, à peu près sur toute la ligne, les Français avaient échoué et, malgré leurs avantages du commencement, ils restaient immobilisés sur le terrain de l'action, à huit ou dix kilomètres seulement de Belfort qu'ils devaient débloquer. Ce fut alors que Bourbaki, profondément découragé, songea à la retraite.

Le 17, une attaque générale devait être dirigée contre le mont Vaudois, mais les officiers, dont les troupes épuisées n'avaient pu que difficilement se maintenir jusque-là, affirmaient qu'il leur serait impossible d'enlever les positions de l'ennemi. Un verglas épais contribuait encore à empêcher l'assaut de ces hauteurs. Les généraux Bourbaki, Bonnet, Billot, et le chef d'escadron d'artillerie Brugère, aide de camp du général Billot, tinrent conseil sur le terrain même et décidèrent qu'il fallait se retirer.

Voici ce que le général en chef écrivait à Bordeaux dans la soirée :

« Nous avons devant nous un ennemi beaucoup plus nombreux que les renseignements recueillis ne permettaient de le supposer et pourvu d'une nombreuse artillerie. Les renforts lui ont été envoyés de tous côtés. Il a pu, grâce à ces conditions favorables, comme à la valeur de la position qu'il occupait, aux obstacles existant à notre arrivée, ou créés par lui depuis, résister à tous nos efforts. Mais il a subi des pertes sérieuses.

« N'étant pas parvenu à réussir le 15 janvier, j'ai fait recommencer la lutte le 16 et le 17, c'est-à-dire pendant trois jours. Malheureusement, le renouvellement de nos tentatives n'a pas produit d'autres résultats, malgré la vigueur avec laquelle elles ont été conduites. L'ennemi, toutefois, a jugé prudent de se tenir sur la défensive constante.

« Le temps est aussi mauvais que possible. Nos convois de vivres et de munitions nous parviennent très-difficilement. En dehors des pertes causées par le feu de l'ennemi, le froid, la neige, les marches et le bivouac dans ces conditions exceptionnelles ont causé de très-grandes souffrances. De l'avis des commandants de corps d'armée, j'ai décidé, à mon grand regret, que l'armée occuperait de nouvelles positions à quelques lieues en arrière de celles sur lesquelles nous avons combattu; nous pourrons de la sorte nous ravitailler plus facilement. Nous aurons besoin de nous ravitailler en officiers, en hommes de troupe et en chevaux.

« J'établirai demain mon quartier général à Arcey. »

. . . .

. . . .

« Si l'ennemi se décidait à nous suivre, j'en serais dans l'enchantement; peut-être nous offrirait-il ainsi l'occasion de jouer à nouveau la partie dans des conditions beaucoup plus favorables. »

Le télégramme par lequel Werder rendait compte de cette journée du 17 à son général en chef Manteuffel, concorde assez exactement avec celui de Bourbaki :

« Dans la nuit du 17, le général Keller a été envoyé avec 8 bataillons pour reprendre Frahier. L'ennemi, surpris dans Chenebier, à la pointe du jour, a perdu tous ses bagages et 400 prisonniers. Chagey, le matin, et Bethoncourt, à midi, ont été vivement attaqués, et à plusieurs reprises, mais en vain, par les Français. Le combat a été, en définitive, moins énergique et a ressemblé plutôt à des engagements d'arrière-garde. A une heure, le général Keller a été attaqué avec des forces de beaucoup supérieures, il a pu cependant se maintenir dans ses fortes positions de Frahier.

« Si la retraite de l'ennemi se confirme, je reprends immédiatement l'offensive. Je puis évaluer nos pertes de ces trois derniers jours à peu près à douze cents hommes, en grande partie des 2e et 3e divisions badoises.

« Ont pris part à ce combat : le 15e corps français, du côté de Montbéliard ; à gauche, le 2e corps, le 24e (dont la division Cremer), et à Chenebier, le 18e corps.

« Je ne compte pas l'ennemi qui faisait face au général Debchitz.

« Je prie Votre Excellence de vouloir bien me faire savoir où je dois l'attendre. Le commandant de Willisen va chercher à se mettre en rapport avec vous au-dessus de Luxeuil et de Saint-Loup. »

Dans ces trois journées de combat devant Belfort, les

pertes avaient été des deux côtés considérables. Le 14e corps de l'armée allemande eut, comme nous l'avons dit, environ douze à treize cents tués et blessés, tandis que nos pertes à nous s'élevèrent bien à quatre mille hommes [1].

1. L'état-major allemand évalue à environ sept mille hommes les pertes des Français, pendant ces trois jours de combat, dont seize cents prisonniers.

CHAPITRE IV.

La retraite sur Besançon. — Manteuffel se porte à droite pour empêcher la marche de l'armée de l'Est sur Lyon. — Garibaldi attaqué pendant trois jours à Dijon par la brigade Kettler.

Conformément à la résolution qu'il avait prise, Bourbaki commença sa retraite, sous la protection des batteries qui ouvrirent un feu violent contre le centre et l'aile gauche de l'armée ennemie. En même temps, et sur certains points, l'offensive fut reprise, uniquement pour couvrir notre mouvement en arrière.

L'armée de l'Est se retirait sur trois lignes à la fois. Le 18e corps, Cremer, et le 20e corps descendaient par la vallée de l'Ognon. Le 15e corps, à droite, suivait la rive gauche du Doubs, tandis que le général Bressolles, avec le 24e corps, défendait les plateaux et protégeait la ligne de Blamont à Pont-de-Roide. Bourras, avec ses francs-tireurs, était à l'arrière-garde.

Le gros de l'armée allemande ne se mit à notre poursuite que le 19. Plusieurs combats furent engagés par les corps qui venaient en dernier rang, pour donner à Bourbaki le temps de conduire ses forces et son matériel d'artillerie sur les grandes routes, entre la vallée de l'Ognon et le Doubs et sur le chemin de fer de

Besançon à Lyon. Le plus important de ces combats fut dirigé contre Cremer, à Villers-la-Ville. Les ennemis furent victorieusement repoussés.

Le 21, au soir, le gros de l'armée de Bourbaki était campé aux environs de Besançon; la réserve, entre Châtillon et Miserey, à proximité de l'Ognon. Le 24e corps, resté en arrière, tenait le plateau de Blamont et les routes de Pont-de-Roide et de Clerval. Une division du 15e corps était à Baume-les-Dames. Il avait donc fallu près de cinq jours à l'armée de Bourbaki — cette lenteur prouve bien qu'elle était exténuée par les fatigues et les privations — pour parcourir les quinze lieues qui séparent les bords de la Lizaine de Besançon.

Cette armée qui, dans sa marche sur Belfort, avait déjà l'air d'une multitude en déroute, offrait au retour le plus navrant spectacle. Les soldats, épuisés par le froid et le manque de nourriture, se traînaient à la débandade, sans ordre, sans discipline, brûlant tout ce qu'ils trouvaient pour se réchauffer, et traitant les villages sur leur passage presque en pays conquis [1]. Une trentaine de wagons de vivres et d'objets d'équipement furent pillés devant le remblai de Saint-Ferjeux, sous les murs de Besançon. Des provisions de sucre, des caisses pleines de biscuit, des habits et des pantalons pris dans les voitures servaient à alimenter le feu de ces malheureux qui mouraient de froid. On vit des soldats placer des pains de sucre sur deux pierres, les faire flamber et s'en chauffer comme de bûches de bois.

1. Voir Appendice (n° 2).

La nouvelle de cette retraite, lorsqu'elle fut connue dans la Franche-Comté, excita la plus douloureuse surprise. On croyait, grâce aux bulletins triomphants du gouvernement de Bordeaux, que l'armée de l'Est victorieuse poursuivait sa marche en avant.

Lorsqu'on la vit revenir à Besançon harassée, démoralisée, en désordre, elle dont on avait salué le départ avec tant d'espérance, ce fut partout un découragement profond. On comprit que c'était la fin, que la prolongation de la lutte, de la résistance était impossible. La plupart des maisons de la ville converties en ambulances, les hôpitaux, les couvents, les casernes regorgeaient, non pas de blessés, mais d'hommes malades de la petite vérole, de la poitrine, et surtout de misère, de froid et de privations. Les trois quarts de ces malheureux avaient les pieds gelés.

La cavalerie n'était pas dans un meilleur état : les chevaux morts remplissaient les fossés et couvraient les places de la ville[1]. Les soldats par cette température d'une rigueur exceptionnelle, les vêtements en loques, sans souliers, erraient aux environs, s'entassant dans les maisons de campagne, où ils trouvaient du feu, un peu de nourriture et un abri, mais où les soins médicaux leur manquaient totalement. Ils se réfugiaient par centaines dans les salles d'attente de la gare pour y passer la nuit, et le matin on enlevait les cadavres de ceux

1. Le général Rolland, commandant la place, pour éviter l'encombrement et surtout pour empêcher que tous les approvisionnements de la ville ne fussent épuisés par cette armée, avait fait fermer les portes aux soldats.

qui avaient succombé à l'excès de leurs souffrances.

Dans la montagne, à Pontarlier où l'on ignorait encore la retraite de l'armée de l'Est, on voyait passer depuis quelques jours, sans pouvoir s'expliquer leur présence, des officiers qui se hâtaient du côté de Lons-le-Saulnier. Le général Durrieu, ancien gouverneur de l'Algérie, fut le premier qui arriva; on l'emmenait dans son pays vers Nantes; il était fou. On racontait que, commandant un corps d'armée sur la Loire et tombé en disgrâce, il avait insisté pour reprendre du service, et qu'on lui avait donné un commandement en sous-ordre dans l'armée de l'Est. Les fatigues, la misère des troupes, l'effet produit par cette disgrâce avaient fait une fâcheuse impression sur son esprit. Il ne donna pas un ordre pendant toute la campagne, mais quand on se battait, il descendait de cheval et chargeait à la baïonnette avec les zouaves.

Un colonel d'artillerie, M. Massenet, passa aussi peu de temps après. Il avait été chargé de mettre les batteries en position contre Montbéliard, mais lorsque toute tentative était devenue inutile. Ces fugitifs parlaient bien du mouvement de recul sur Besançon, mais aucun ne se doutait encore que la retraite définitive dût s'effectuer par Pontarlier même, par ce rude pays de montagnes, au milieu de cette neige où leurs traîneaux avaient tant de peine à avancer.

§ I.

Tandis que Bourbaki tournait le dos à Belfort, le 18, Manteuffel continuait son mouvement en avant du côté de Gray et de Vesoul. La plus grande partie de son armée avait pu passer sans être inquiétée entre Dijon et Langres par la route de Troyes, Châtillon, Grancey, Is-sur-Tille, Fontaine-Française, Gray et Vesoul ; d'autres détachements suivaient la ligne de Tonnerre, Montbard, Darcey, Saint-Seine, Mirebeau et Gray.

Le 19, le gros de l'armée allemande était concentré à Fontaine-Française et à Dampierre, tandis que les avant-postes avançaient à Scey-sur-Saône et cherchaient à se joindre à la cavalerie de Werder du côté de Luxeuil et de Saint-Loup. Manteuffel ne connaissait pas encore d'une façon certaine le mouvement en arrière des Français. Dans tous les cas, il présumait que leur retraite ne pouvait s'effectuer que sur Besançon. Aussi, tout en continuant de marcher vers Vesoul de façon à opérer sa jonction avec Werder, il donnait l'ordre d'appuyer un peu sur la droite, à tout événement. Le 19, lorsqu'il n'eut plus de doute sur le mouvement de recul de l'armée de l'Est, quoiqu'il ne fût plus séparé que par deux petites étapes de Werder qui s'avançait à la poursuite de Bourbaki, il prit subitement la résolution d'abandonner son projet de jonction et de couper aux Français la retraite sur Lons-le-Saulnier et sur Lyon par où ils pouvaient s'échapper et trouver des points de concentration et de ravitaillement pour de nouveaux combats, comme avaient déjà fait, du reste, à plusieurs reprises, les armées vaincues de la Loire et du Nord.

Mais en inaugurant ce nouveau plan de campagne, en renonçant à donner la main à Werder, Manteuffel courait de grands risques, il s'isolait, s'éloignait de ses lignes de ravitaillement et s'exposait à être coupé par l'armée de Garibaldi qui n'était tenue en échec que par la division Kettler. Le succès de son entreprise démontra une fois de plus qu'à la guerre surtout, la fortune sourit aux audacieux. Il est vrai qu'il savait par expérience que les Français, toujours démoralisés par un échec, changent habituellement leurs retraites en déroutes et il se sentait assez fort avec 40,000 hommes de bonnes troupes pour arrêter toute l'armée de Bourbaki. Quoi qu'il en soit, en agissant de cette façon, Manteuffel, qui passait pour un général du plus mince mérite, montra une intelligence bien au-dessus de sa réputation. C'était un général de cabinet, arrivé par la faveur et l'intrigue et qui, disait-on, avait déployé jusque-là plus de diplomatie que de science militaire. Toutefois, en le choisissant pour commander l'armée de l'Est, de Moltke l'avait déjà vengé des médisances du public.

Lorsque le célèbre tacticien, son protecteur, apprit cette résolution hardie du commandant en chef de l'armée du Sud, il dit au roi Guillaume : « L'entreprise du général Manteuffel est pleine d'audace, mais elle peut avoir d'immenses résultats, et quand même il échouerait, on ne saurait le blâmer, car pour arriver à un grand succès, il faut hasarder quelque chose. »

A cette date, alors qu'il n'avait devant lui du côté de Lyon que l'avant-garde des 40,000 hommes de Manteuffel, si Bourbaki, profitant de l'appui de Garibaldi, et du secours que pouvaient lui prêter les places fortes de Besançon, d'Auxonne et de Langres, avait poussé droit sur Lyon, comme il en avait reçu l'ordre, il eût pu certainement parvenir à sauver son armée ; mais au lieu de se porter rapidement en avant, il perdit son temps autour de Besançon, ne sachant à quel parti s'arrêter et achevant de démoraliser ses soldats par des mouvements, des marches et contre-marches qui n'avaient d'autre résultat que de les exténuer inutilement.

§ II.

Il nous faut expliquer maintenant comment Manteuffel était arrivé à tenir entre ses mains le sort de l'armée de l'Est.

Nous avons déjà dit qu'à la nouvelle de l'entreprise dirigée contre Belfort, des forces avaient été rassemblées de divers points par les Allemands du côté de l'Yonne et de la Côte-d'Or. Cette armée, qu'on appela l'armée du Sud, composée de troupes distraites de l'armée de Paris et du Nord, fut confiée au commandement en chef de Manteuffel. Elle commença ses opérations dans les premiers jours de janvier.

Garibaldi, comme on le sait, occupait Dijon depuis que cette ville avait été abandonnée par Werder. Il avait ordre de se maintenir coûte que coûte dans cette importante position stratégique qui, par suite des lignes de chemin de fer à l'intersection desquelles elle se trouve, commande avec Auxonne, situé un peu plus bas sur la Saône, tout le midi de la France.

Le célèbre chef italien avait fait autour de la ville des travaux de défense considérables. Le mont Afrique, Talant, Fontaine, étaient armés de toute l'artillerie, malheureusement peu nombreuse, qu'on avait laissée à sa disposition.

Dès le 15 ou le 16, des éclaireurs de Manteuffel étaient signalés dans les environs de Dijon, à Is-sur-Tille, précédant, disait-on, un corps de 40 à 50,000 hommes commandé par Zastrow. Champlitte à ce moment était occupé par les Garibaldiens qui observaient la route de Langres.

Le 16, l'aile gauche des Allemands[1] s'était heurtée au village de Marac contre un corps d'un millier d'hommes qui n'avait pas opposé de sérieuse résistance. Le 17, le gros de l'armée se formait aux environs de Langres vers Longeau, sans être inquiété. Il n'y eut d'engagement qui mérite d'être signalé qu'à Champlitte, où se trouvaient quelques détachements de l'armée régulière. Une fois Champlitte enlevé par les Allemands, ceux-ci entrèrent sans coup férir à Fontaine-Française, à Autrey et à Mirebeau.

Tandis que le 7e corps d'armée s'avançait ainsi jusqu'à la Saône, les têtes de ligne du 2e corps gagnaient également du terrain dans la direction d'Is-sur-Tille et de Selongey. Le 17, deux engagements eurent lieu à Verrey et Bligny-le-Sec.

Le 18 et surtout le 19, quand Manteuffel apprit positivement la retraite de Bourbaki, au lieu de continuer sa marche sur Vesoul, il fit appuyer, comme nous l'avons dit, ses troupes sur la droite. Une partie de son armée, après avoir pris Gray où Bonbonnel se maintint pen-

1. Wartensleben.

dant deux jours, poussa une pointe du côté de Besançon, tandis que plus au Sud, d'autres corps s'emparaient de Dôle et s'établissant sur les deux rives du Doubs, coupaient de ce côté toute retraite aux Français.

Le quartier général de Manteuffel était alors à Pesmes, au centre de ses opérations.

Le 21 janvier, le 7e corps d'armée allemand s'emparait de Marnay après un engagement sérieux où nous perdîmes cent quarante-sept hommes. Le village fut défendu par cinq cents mobiles de la Haute-Saône contre plus de dix mille Prussiens. Ceux-ci marchèrent ensuite sur Pin, Étuz et Audeux qu'ils occupèrent presque sans coup férir. Ces villages étaient gardés par des troupes de la garnison de Besançon. En se retirant, nos soldats firent sauter les ponts sur l'Ognon afin de retarder la marche de l'ennemi. Le soir du même jour (21), les Prussiens, passant par Noironte, Placey et Mazerolle, vinrent s'établir à Saint-Vit, sur la route de Dôle à Besançon.

Dijon fut attaqué par les Prussiens dans cette journée du 21.

De grand matin, des paysans vinrent prévenir les postes avancés qu'une colonne ennemie arrivait du côté de Montbard. Deux batteries gardaient la route d'Asnières par où les Prussiens devaient déboucher.

Le corps de Garibaldi, qui s'était augmenté la veille de deux légions de l'Isère, représentait alors environ vingt-quatre mille hommes[1], et les Allemands, sous le

1. Wartensleben dit vingt-cinq mille.

commandement du major général Kettler, n'avaient pas plus de dix à douze mille hommes, mais de l'élite de leurs soldats[1], dont douze cents cavaliers et six batteries d'artillerie. Les Garibaldiens étaient donc supérieurs par le nombre, mais comme cette supériorité s'évanouissait quand on en analysait les éléments! la plupart de ces hommes voyaient le feu pour la première fois et n'avaient en fait d'armes que de mauvais fusils à piston.

On sait dans quel état de dénûment le gouvernement avait laissé les soldats de Garibaldi qui, malgré ses demandes incessantes, n'avait rien pu obtenir de la délégation de Bordeaux. Ils n'avaient ni canons, ni chassepots; le bataillon de Saône-et-Loire, n'est-ce pas tout dire, était chaussé de sabots! Et voilà avec quelles troupes Garibaldi, selon certains Français ses ennemis politiques, qui lui rendent moins justice que les Prussiens, a commis le crime de ne pas empêcher l'armée entière de Manteuffel de marcher contre Bourbaki.

Garibaldi n'a pas ignoré qu'une armée considérable passait au-dessus de Dijon, mais seul, sans communication avec le général en chef de l'armée de l'Est qui, pendant toute la campagne, n'a jamais daigné se mettre en rapport avec lui, il ne pouvait avoir la témérité de barrer le passage à Manteuffel. Aux quarante mille hommes du général allemand, il ne pouvait certainement pas opposer plus de douze mille combattants

1. Bordone, qui compte sans doute dans ce nombre toute l'armée de Manteuffel, parle de soixante-douze mille hommes qu'il divise ainsi : trente mille sous les ordres de Zastrow, dix mille sous Kettler, trente-deux mille sous Franzecki.

sérieux, et en quittant Dijon pour se porter en avant, il compromettait sans aucune chance de succès cette importante position qui, à un moment donné, en admettant que Bourbaki voulût se concerter avec lui, pouvait être le pivot de tout un nouveau plan d'action.

Garibaldi, après avoir fait barricader les rues de la ville, en laissa la garde aux mobilisés. Puis, choisissant ses meilleurs soldats, presque tous étrangers ou francs-tireurs, il se porta en avant contre l'ennemi. Afin d'animer leur courage, il n'avait pas hésité quoique malade à marcher au milieu d'eux.

Après avoir inutilement essayé de nous enlever nos positions à Talant, à Fontaine, à Asnières, défendues par Riccioti, et trouvant partout la plus vigoureuse résistance, les Prussiens se retirèrent à la fin de la journée [1].

L'affaire avait duré dix heures et les pertes étaient à peu près égales des deux côtés. Ce furent les légions Tenaro et Razetto, les mobilisés de l'Isère et du Gard, et le bataillon franco-espagnol qui eurent à soutenir le plus rude choc.

Tous les prisonniers qui furent faits par les Garibaldiens dans ce combat étaient Poméraniens.

Le lendemain 22, des engagements eurent lieu sur toute la ligne et notamment dans le val Suzon, sous Talant et sous Fontaine. La fusillade, contrariée un moment par les brouillards du matin, devint fort

1. Warstensleben prétend que ce furent les Garibaldiens qui, au contraire, abandonnèrent leurs positions de Fontaine et de Talant.

vive au milieu de la journée. Lorsque les canons se mirent de la partie, l'ennemi commença à plier. Pour achever de porter le désordre dans ses rangs, les chefs commandèrent l'attaque à la baïonnette et cet ordre fut exécuté avec un remarquable élan. Le plateau de Daix où les Allemands avaient été refoulés, fut emporté par une charge brillante et sous le feu de la mitraille.

Cette fois encore, les Prussiens se retirèrent à la tombée de la nuit sans avoir pu gagner un pouce de terrain.

Les Garibaldiens avaient fait une cinquantaine de prisonniers qu'ils ramenèrent dans la ville de Dijon en chantant la *Marseillaise*. Ils avaient attaché au bout de leurs fusils des casques et des sabres prussiens. C'était un dimanche ; toute la population se porta au-devant de Garibaldi et lui fit une ovation enthousiaste.

Ce fut dans cette journée que succomba l'illustre général Bossack-Hankè. S'étant trouvé à l'improviste entouré par les Prussiens, il les chargea, l'épée au poing, sans s'inquiéter de leur nombre. Sa mort héroïque est un des plus beaux faits d'armes de la guerre [1].

Les deux premières batailles que nous venons de raconter n'étaient pour ainsi dire que le prélude de la lutte acharnée qui eut lieu le 23. Les Prussiens qui pouvaient, à chaque instant, remplacer leurs soldats

1. Bossack était colonel dans l'armée russe lorsque éclata l'insurrection polonaise de 1863, dont il fut un des chefs les plus audacieux. Son nom de famille était Hankè. Bossack, un sobriquet de guerre, veut dire *va-nu-pieds*, ou plutôt *déshérité*. Bossack appartenait, malgré ce surnom, à la plus haute aristocratie de son pays.

fatigués par des troupes fraîches, car le gros de l'armée continuait à passer au-dessus de Dijon, firent un effort suprême ce jour-là pour s'emparer de la ville. Ce furent leurs meilleures troupes, la garde-royale prussienne, qui donnèrent cette fois, tandis que Garibaldi, comme nous ne saurions trop le répéter, n'avait à leur opposer que dix à douze mille combattants capables de tenir en rase campagne, les mêmes qui avaient déjà subi le poids des deux précédentes journées. Il est vrai que dans la matinée, étaient arrivés à Dijon lès mobilisés de la Haute-Savoie, mais leur colonel, M. Franzini, refusa de les conduire au feu sous prétexte que Garibaldi ne partageait pas ses opinions religieuses [1] !!

La lutte s'était engagée dans les environs de la route de Langres.

Le château de Pouilly, pris et repris par les Allemands et par les Français, fut le théâtre de combats à chaque instant renouvelés, qui se terminèrent encore cette fois par la retraite de l'ennemi. Les soldats de Canzio et les mobiles de Saône-et-Loire, grâce à leur impétueuse attaque qui dégagea Ricciotti, décidèrent du succès de la journée. Les Prussiens subirent des pertes considérables. Les Garibaldiens, cernés dans une vaste usine à trois étages, les laissèrent s'approcher et, quand ils furent à une centaine de mètres, les accueillirent par une effroyable décharge qui mit le désordre dans leurs rangs. Quelques compagnies ache-

1. Nous avons appris par les journaux que ce pieux guerrier aurait été condamné depuis pour faux en écriture publique, comme ancien percepteur dans l'Yonne *sous l'empire.*

vèrent la déroute des Allemands en se précipitant sur eux à la baïonnette. Un de leurs régiments tout entier, le 61e, fut anéanti dans cette affaire. Son drapeau fut trouvé sous un monceau de cadavres.

On raconte que dans le château de Pouilly, les Prussiens, exaspérés sans doute par la résistance qu'ils avaient rencontrée, commirent une atrocité qu'on se refuserait à croire, si tous les narrateurs n'étaient unanimes à l'affirmer. Un officier garibaldien fait prisonnier fut lié par les mains et par les pieds et brûlé vif, après avoir été arrosé de pétrole. Le cadavre fut retrouvé ayant encore aux mains la trace des liens qui l'avaient attaché.

Ainsi, pendant ces trois journées, l'armée de Garibaldi avait vaillamment supporté le choc des Prussiens, sans se laisser entamer, et empêché que Dijon, cette importante position stratégique, ne tombât au pouvoir de l'ennemi.

La population dijonnaise, qui a toujours apprécié, comme ils devaient l'être, les immenses services de Garibaldi, fit au général une ovation délirante. Sa voiture fut traînée à bras par les citoyens reconnaissants qui saluaient leur libérateur des plus ardents vivats.

Voici l'ordre du jour que Garibaldi adressa à ses troupes, après ces combats de trois jours :

A l'armée des Vosges.

« Dans trois rencontres, vous avez battu l'ennemi trois fois, et la France dans sa détresse a senti que ses nobles enfants ne l'abandonneraient pas à la merci de l'étranger. Le jour où les circonstances m'emmèneront loin de vous, je raconterai avec orgueil les vicissitudes de nos fatigues et de nos combats et votre dévouement à la cause sacrée des peuples. Je dirai surtout que lorsque les revers de nos armées et le destin semblaient vouloir fermer à la République toutes les voies du salut, vous, nos braves frères d'armes, vous avez montré la même fière contenance que dans les jours de prospérité.

« La France, croyez-moi, délivrée des corrupteurs et des traîtres, se relèvera bientôt retrempée par l'adversité, et, reprenant son poste entre les grandes nations du monde, elle vous retrouvera sur son sentier, prêts à combattre encore.

« GARIBALDI. »

CHAPITRE V.

Les Prussiens à Dôle et sur la rive gauche du Doubs. — Irrésolutions de Bourbaki. — L'ennemi à Baume-les-Dames, à Saint-Vit, à Mouchard, à Salins. — Bourbaki se décide à faire battre en retraite ses troupes sur Pontarlier.

En même temps que Dijon était assailli par la brigade Kettler, le même jour, Koblinski se présentait devant Dôle.

Le 21, à midi, les Prussiens, qu'on était loin d'attendre, furent signalés aux environs de la ville. Ils arrivaient par la route de Gray. Aussitôt le tocsin se mit à sonner et l'on battit le rappel dans les rues. Il n'y avait plus de troupes régulières à Dôle depuis plusieurs jours ; seule la garde nationale restait avec quelques francs-tireurs. Cependant, au rappel étaient venus deux cent cinquante à trois cents gardes nationaux, nombre considérable pour une population de six à sept mille âmes. Ils arrivaient par petits groupes, isolés, sans chefs, sans armes et sans munitions, car, selon l'habitude, le Préfet du Jura les avait fait désarmer. Il fallut encore enfoncer les portes pour prendre des fusils (à piston), dans le hangar où on les avait déposés ; chacun, sans avoir le temps de choisir, s'empara de ce qui lui tomba sous la main et se procura comme il put de la poudre. Ce fut dans ce triste attirail que cette poignée de combattants se porta bravement au-devant des Prussiens, sans s'inquiéter du nombre. S'abritant comme ils pouvaient derrière les maisons du faubourg et la tranchée du chemin de fer, ils engagèrent la fusillade. Le corps des Prussiens contre lequel s'escrimaient ces trois cents gardes nationaux se composait de six mille hommes avec artillerie et cavalerie.

Vers quatre heures, voyant que l'ennemi allait les envelopper, nos trois cents braves, après avoir perdu une dizaine d'hommes, rentraient dans la ville où bientôt les Prussiens se précipitaient sur leurs pas en tirant des coups de fusil et en poussant des cris sauvages pour intimider la population.

Jamais les vainqueurs ne purent croire qu'ils n'avaient eu devant eux pour les arrêter pendant plusieurs heures que trois cents gardes nationaux. Comme ils en témoignèrent leur mécontentement par toutes sortes de vexations contre les habitants, il se trouva dans la ville un certain nombre de *notables* pour reprocher amèrement aux patriotes qui s'étaient battus d'avoir inutilement exposé les citoyens aux rigueurs de l'ennemi. Nous citons ce fait parce qu'il s'est à peu près invariablement produit dans toutes les circonstances analogues.

Deux cent trente wagons chargés de vivres, de fourrages, d'effets d'habillement, etc..., furent pris par les Prussiens à la gare de Dôle.

Aussitôt qu'ils furent entrés dans la ville les Allemands se dirigèrent vers le pont, sur le Doubs, qu'ils ne furent pas peu surpris de trouver intact. Ils passèrent immédiatement sur la rive gauche et prirent la route d'Arbois et de Mouchard.

Le soir même du 22, un détachement considérable de Prussiens couchait à Mont-sous-Vaudrey, à quinze kilomètres de Dôle. Le lendemain, cinq mille hommes occupaient Mouchard et fermaient ainsi la retraite à l'armée de l'Est sur Lons-le-Saulnier par la voie ferrée.

§ I.

Dès le 21, Bourbaki avait été informé par le gouvernement de Bordeaux de la position critique dans laquelle il se trouvait. En ce moment encore, s'il eût voulu concentrer ses forces et marcher sur Lyon soit par Dôle et Châlons, soit plus haut par Lons-le-Saulnier et Bourg, il aurait certainement obligé, comme nous l'avons déjà dit, un ennemi inférieur en nombre à lui livrer passage, d'autant plus aisément que pendant ce temps-là Garibaldi eût tenu en respect à Dijon une partie de l'armée allemande. Il avait eu un instant l'idée d'exécuter ce projet :

« Si l'ennemi, écrivait-il à Bordeaux, le 22, n'est pas en nombre suffisant à Dôle, je chercherai à profiter de la situation qu'il se sera faite ainsi pour l'attaquer dans de bonnes conditions avec le gros de nos forces. Je prendrai ce parti, ou bien je ferai passer successivement les corps d'armée sur la rive gauche du Doubs en couvrant le mouvement par l'occupation des positions en avant de Besançon. »

Au lieu d'agir aussi sagement, il perdit son temps, comme nous l'avons vu, à faire exécuter pendant trois jours, à ses troupes, de fausses manœuvres autour de Besançon. Mal renseigné, sans doute, sur le nombre des forces ennemies qu'il avait devant lui, il n'osa pas pousser en avant. Pendant ce temps les Allemands se rapprochaient de Besançon. Le 22, une avant-garde avait poussé de Dôle une reconnaissance sur Dampierre et sur Saint-Vit. Dans ce dernier village, les Prussiens s'emparèrent de treize wagons remplis d'avoine et d'approvisionnements de toutes sortes. A Dampierre, ils passaient la rivière et se portaient vers Quingey. Quatre ponts sur le Doubs étaient encore intacts dans cette région et servirent au passage de l'ennemi : un à Fraisans, deux à Rans et un à Orchamps. Grâce à ce secours inespéré les Prussiens hâtèrent la perte de nos troupes qui eût été retardée encore de quelques jours s'ils n'avaient pu passer aussi facilement la rivière, car ils n'étaient pas accompagnés d'équipages de pontonniers et il eût fallu les attendre. Une fois de l'autre côté, vers la Loue, ils trouvèrent presque tous les ponts intacts; les routes et les bois étaient bien remplis d'abatis, de barricades, de petits ouvrages de défense, mais personne ne se tenait derrière.

Dans cette même journée du 22, des détachements prussiens avaient paru à Noironte, à Recologne, comme la veille à Cussey-sur-l'Ognon à quelques kilomètres à peine de la ville de Besançon.

Le 23, les éclaireurs du 2e corps d'armée qui avait pris Dôle, s'avançaient jusqu'à la jonction des trois routes de Salins, d'Arbois et de Poligny, et coupaient les communications par le chemin de fer et le télégraphe de Besançon avec Lons-le-Saulnier.

Les patrouilles de cavalerie allemande poussant en avant de Vaudrey essuyèrent un feu d'infanterie sur la route, près d'Arbois, et furent obligées de se replier. Le lendemain une forte reconnaissance de soldats prussiens qui s'était dirigée sur Salins rencontra dans les environs un corps français d'environ mille hommes. Après un combat de quelques instants, les Français se replièrent sur la ville dont les forts se mirent à tonner.

Les Prussiens, s'abritant alors derrière les maisons, traversèrent la route un à un et parvinrent ainsi dans l'intérieur de la ville qu'ils menacèrent de brûler si les forts ne se rendaient pas. La municipalité envoya des parlementaires aux commandants des forts qui ne voulurent pas les écouter. Le lendemain à dix heures, malgré leur nombre, les Prussiens étaient en retraite sur Mouchard. A ce moment même, la municipalité qui ne comprenait pas que la ville venait d'être sauvée par ses forts, faisait signer une pétition par laquelle les *notables* suppliaient les commandants de ne plus tirer sur l'ennemi [1].

Arbois et Poligny qui n'avaient plus un seul défenseur furent occupés par les Allemands.

Pendant ce temps, l'avant-garde de la 13e division prussienne, après un combat assez insignifiant, s'emparait de Quingey et dispersait nos mobiles à Byans. Nous

1. Voir Appendice n° 3.

laissions là entre les mains de l'ennemi cent cinquante prisonniers et de nombreux wagons chargés de toutes sortes d'approvisionnements.

§ II.

Dans une autre direction, le 7e corps d'armée allemand, abandonnant Dôle et Gray, avait fait avancer son avant-garde sur la ligne du Doubs aux approches de Besançon. Un duel d'artillerie s'était engagé à Dannemarie entre les Prussiens de la 14e division et les artilleurs de Cremer commandés par le commandant Camps. La canonnade ne cessa qu'avec le jour. Le lendemain (24), selon son invariable habitude, l'ennemi revint avec des renforts considérables ; on parlait de vingt mille hommes concentrés à Saint-Vit. Cremer se préparait à une attaque de nuit contre eux, lorsqu'il reçut de Bourbaki l'ordre de se replier à Saint-Ferjeux sous Besançon. En conséquence Saint-Vit et Quingey restèrent occupés.

Au nord, les troupes du général Werder, à cette même date (le 23), quittaient l'Isle sur le Doubs et se dirigeaient sur Clerval. Le détachement de Goltz marchait sur Mésandans et l'avant-garde sur Baume-les-Dames. Rougemont, Montbozon, Lure étaient réoccupés ; Vesoul fut également repris, et à la fin de la journée, les Prussiens entraient à Frasne-le-Château.

A Baume, le général Peytavin à la tête de neuf mille hommes était resté avec mission de protéger Besançon et la vallée du Doubs. Là aussi se trouvaient quelques détachements de mobilisés du département, mais lorsqu'ils apprirent l'arrivée des Prussiens, ils s'empressèrent d'abandonner la ville et de passer sur la rive gauche du Doubs, grâce au pont qui avait été refait et qu'ils firent sauter quand le dernier soldat eut traversé la rivière. Lorsque les ennemis arrivèrent quelques instants après, ils rétablirent rapidement le pont et se rendirent sans rencontrer la moindre résistance, si ce n'est quelques coups de fusil qui les accueillirent, à Adam-les-Passavant, jusqu'à Nancray et Bouclans. De là, ils se dirigèrent sur Pontarlier par Nods.

Sur un autre point, dans la vallée de la Loue, nos troupes eurent à combattre, à Châtillon, une assez forte reconnaissance que les Prussiens avaient envoyée de Quingey. Un peu plus haut, le village de Myon dans les environs d'Alaise, l'Alésia de Vercingétorix, était occupé par nos soldats.

Il ne nous restait plus d'autre issue que l'étroite vallée de Mouthe, au delà de Pontarlier ; les Prussiens avaient si bien combiné leurs marches et si habilement échelonné leurs troupes qu'ils étaient dès ce moment à peu près sûrs de nous tenir à leur discrétion.

Voici quels étaient dès le 24 les détails transmis à Versailles par Manteuffel :

« Si l'ennemi cherche à gagner le Sud par des chemins entre Villers-Farlay et Pontarlier[1], il rencontre le 2e et le 7e corps d'armée.

« S'il veut faire une trouée par Quingey et Dampierre, de chaque côté du Doubs se trouve pour l'en empêcher

1. C'était le chemin pour faire une trouée sur Lons-le-Saulnier

une division du 7e corps d'armée, sans compter les troupes qui sont en avant et qui reviendront sur ce point au bruit du canon. Dans ces deux cas, le corps de Werder arrivera pour écraser l'arrière-garde des Français.

« Si l'ennemi cherche par Étuz et Marnay un débouché pour opérer sa jonction avec Garibaldi, dans ce cas il se heurte à la 14e division et à la brigade Knesebeck à gauche et à la division badoise à droite.

« S'il veut faire front à la 14e division, la 2e et la 7e reviennent du Sud pour nous renforcer.

« Dans le cas où les Français voudraient se rejeter vers la frontière suisse, alors nous les suivrons et le 3e corps ainsi que son avant-garde les forceront à livrer bataille ou à passer la frontière.

« Si les Français nous attendent auprès de Besançon, nous les laisserons épuiser leurs vivres et nous attendrons qu'ils nous attaquent eux-mêmes (1). »

Tout était donc prévu pour la perte de l'armée de l'Est.

Ce même jour, où Manteuffel décrivait ainsi le cercle de fer dans lequel il avait enserré Bourbaki, le 24, dans l'après-midi, une colonne prussienne d'environ quinze mille hommes s'emparait de l'importante tête de ligne de Mouchard qui met en communication avec Lons-le-Saulnier et Lyon, les chemins de fer de Belfort à Besançon, et de cette ville à Dijon et en Suisse.

En même temps qu'il recevait cette désastreuse nouvelle, Bourbaki apprenait que le 24e corps sous le com-

1. Wartensleben.

mandement de Bressolles et qui était resté en arrière pour défendre la ligne du Lomont, c'est-à-dire les plateaux de la rive gauche du Doubs, de Belfort à Pontarlier, notre dernière ligne de défense, s'était retiré précipitamment sans essayer de résistance. Par suite de cet abandon, toutes les forces allemandes combattues auprès d'Héricourt et qui avaient été immobilisées par le 24e corps redevenaient libres et pouvaient se mettre à notre poursuite.

Bourbaki, au premier avis de cette retraite, avait envoyé, dit-on, au général Bressolles l'ordre de réoccuper immédiatement ses positions; mais on raconte que celui-ci, après avoir lu la dépêche du général en chef, s'était contenté de hausser les épaules et avait continué son chemin sur Pontarlier par Pierrefontaine, la ligne de Besançon étant supposée interceptée.

Il restait bien encore sur les plateaux vers Blamont des mobiles et des mobilisés qui auraient pu s'opposer à la marche de l'ennemi, mais lorsque le colonel de Vezet qui commandait ces troupes vit la retraite de Bressolles, il aima mieux se replier sur Besançon. Le colonel Le Comte avec quelques compagnies de mobilisés fut abandonné aux avant-postes sans qu'on l'avertît du départ. Il se porta au-dessus de Blamont où il resta un ou deux jours, puis voyant qu'il n'était pas soutenu, il se retira comme les autres. A Maiche, il rencontra les soldats du général Comagny qui, s'étant heurtés à quelques faibles détachements prussiens, au lieu de les culbuter s'étaient rejetés du côté de la Montagne.

§ III.

Le général en chef de l'armée de l'Est, accablé par ces tristes nouvelles, ne se faisait pas illusion sur la gravité de sa situation. Dans une dépêche qu'il adressait à Bordeaux, il traduisait ainsi ses inquiétudes :

« Le 2e et le 7e corps prussiens ont commencé à couper nos communications avec Lyon. Ils passent le Doubs et peut-être la Loue. En me hâtant le plus possible, je ne sais si je parviendrai à les reconquérir. Je prendrai demain un parti selon les renseignements que je recevrai. »

Ne sachant à quoi se résoudre, il assembla un conseil de guerre à Château-Farine près de Besançon, à la suite duquel il fut décidé que la retraite s'effectuerait par Pontarlier.

Cette déplorable résolution fut vivement blâmée par le ministère à Bordeaux, comme en témoignent les dépêches suivantes :

Guerre à général Bourbaki, Besançon. — Extrême urgence.

« Bordeaux, le 25 janvier, 2 heures du soir.

« Vos dépêches chiffrées d'hier au soir ne sont arrivées ici que ce matin après dix heures. Elles n'ont été déchiffrées et je n'ai pu en prendre connaissance que vers une heure. Je m'empresse d'y répondre.

« Je suis tombé des nues, je l'avoue, à leur lecture.

Il y a huit jours à peine, devant Héricourt, vous me parliez de votre ardeur à poursuivre le programme commencé ; et aujourd'hui, sans avoir eu à livrer un seul nouveau combat, après avoir fait des mouvements à peine sensibles sur la carte, vous m'annoncez que votre armée est hors d'état de marcher et de combattre, qu'elle ne compte pas trente mille combattants, que la marche que je vous conseille vers l'Ouest ou le Sud est impossible et que vous n'avez d'autre solution que de vous diriger sur Pontarlier. Enfin, vous concluez par me demander mes instructions.

« Quelles instructions voulez-vous que je donne à un général en chef qui me déclare qu'il n'y a pas d'autre parti à prendre ? Puis-je, je vous le demande, prendre la responsabilité d'un de ces échecs qui suivent trop souvent la détermination qu'on impose à un chef d'armée ? Je ne puis que vous manifester énergiquement mon opinion, mais je n'ai pas le droit de me substituer à vous-même, et la décision, en dernier lieu, vous appartient. Or, mon opinion, c'est que vous vous exagérez le mal. Il me paraît impossible que votre armée soit réduite au point que vous dites. Le commandement d'un bon chef ne peut pas, en si peu de temps, laisser une telle démoralisation s'accomplir. Je crois donc que, sous l'impression de votre dernier insuccès, vous voyez la situation autrement qu'elle n'est. En second lieu, je crois fermement que votre marche sur Pontarlier vous prépare un désastre inévitable. Vous n'en sortirez pas. Quelle que soit la direction que vous preniez pour sortir de Pontarlier, l'ennemi aura moins de chemin à faire que vous pour vous barrer le passage.

« Ma conviction bien arrêtée, c'est qu'en réunissant tous vos corps et vous concertant au besoin avec Garibalbi, vous seriez pleinement en force pour passer soit par Dôle, soit par Mouchard, soit par Gray, soit par Pontaillier [1]. Vous laisseriez ensuite le 24e corps Cremer en relation avec Garibaldi, et vous continueriez votre mouvement en prenant autant que possible pour objectif les points indiqués dans mes dépêches précédentes et, si l'état de votre armée ne permettait réellement pas une marche aussi longue, vous vous dirigeriez vers Chagny pour y stationner ou pour vous y embarquer. Remarquez que dans la position que vous allez prendre, vous ne couvrirez pas même Lyon. Telle est, général, mon opinion ; mais, je le répète, c'est à vous seul de décider en dernier ressort, car vous seul connaissez exactement l'état physique et moral de vos troupes et de leurs chefs. »

Deux heures après ces sages avis que le bon sens même dictait, Bordeaux envoyait encore une seconde dépêche plus pressante au général en chef pour lui montrer la folie de son projet :

1. Pontaillier sur Saône ne doit pas être confondu avec Pontarlier, qui est du côté opposé.

Guerre à général Bourbaki, Besançon. — Extrême urgence.

« Bordeaux, le 25 janvier, 4 heures 55 m. du soir.

« Plus je réfléchis à votre projet de marche sur Pontarlier, et moins je le comprends. Je viens d'en parler avec les généraux du ministère, et leur étonnement égale le mien. N'y a-t-il point erreur de nom? Est-ce bien Pontarlier que vous avez voulu dire? Pontarlier près de la Suisse? Si c'est là, en effet, votre objectif, avez-vous envisagé les conséquences? Avec quoi vivrez-vous? Vous mourrez de faim certainement. Vous serez obligé de capituler ou d'aller en Suisse. Car, pour vous échapper, je n'aperçois nul moyen. Partout vous trouverez l'ennemi devant vous et avant vous. Le salut, j'en suis sûr, n'est que dans les directions que j'ai indiquées, dussiez-vous laisser vos *impedimenta* derrière vous, et n'emmener avec vous que vos troupes valides. A tout prix, il faut faire une trouée. Hors de là, vous vous perdez. »

CHAPITRE VI.

Tentative de suicide de Bourbaki. — Retraite sur Pontarlier. — Souffrances des soldats. — Nouvelle de l'armistice.

Malgré ces observations que l'expérience ne devait, hélas ! que trop justifier, le général en chef de l'armée de l'Est persista dans sa funeste résolution. Le 26, commença cette désastreuse retraite sur Pontarlier. Bourbaki voulut y présider lui-même, et pendant toute la journée il se tint sur la route de Besançon à Ornans, les pieds dans la neige, et organisa le défilé des troupes et des convois. On ne remarqua rien d'extraordinaire dans sa physionomie, si ce n'est une teinte de tristesse un peu plus prononcée ; mais les événements la motivaient suffisamment pour qu'on n'eût pas à s'en étonner. Le soir venu, il se retira dans la maison qu'il habitait à Besançon, au coin de la rue Sainte-Anne, et à peine y était-il rentré qu'il se tirait un coup de pistolet dans la tête[1].

La dépêche qui annonçait à Bordeaux cette triste

1. On sait qu'il en fut quitte pour une blessure qui guérit assez rapidement.

nouvelle, se croisa avec celle qui portait le remplacement de Bourbaki par le général Clinchant. Le ministre de la guerre avait fini par comprendre que le commandant de l'armée de l'Est n'avait pas l'étoffe d'un général en chef.

§ I.

La retraite de l'armée de l'Est s'effectuait sur Pontarlier avec toutes les apparences d'une véritable débâcle. Le froid était glacial; une neige épaisse se renouvelait sans cesse malgré tous les efforts pour déblayer les routes. Les distributions de vivres se faisaient très-irrégulièrement, car les convois pouvaient à peine avancer et les chevaux, trop chargés et affaiblis par le jeûne, tombaient à chaque pas. On n'avait pas même de clous pour les ferrer à glace. Les fourgons de vivres, l'intendance n'ayant pas, disait-elle, été avertie à temps par l'état-major, étaient restés pour la plupart en arrière dans les environs de Besançon, et les soldats trouvaient à peine du pain à manger. Ainsi, à Pontarlier, bien que toutes les boulangeries eussent été réquisitionnées, et bien que dans les villages environnants, la farine fût mise par l'intendance qui était allée en acheter en Suisse, à la disposition de ceux qui pouvaient cuire au four, il était matériellement impossible de procurer du pain en assez grande quantité pour suffire à quatre-vingt mille hommes.

Les chevaux étaient encore plus malheureux que les hommes. Les paysans cachaient soigneusement leur foin qui, du reste, cette année, à cause d'une sécheresse extraordinaire, avait été très-rare. Aussi les pauvres bêtes épuisées de fatigue, maigres, efflanquées, affamées, mangeaient du fumier, de la neige, rongeaient les écorces des arbres et même les timons des voitures. Leurs cadavres qui jonchaient les champs et les routes, marquèrent pendant longtemps d'une façon sinistre le chemin par où avait passé l'armée de Bourbaki.

Bien que tous les villages des environs fussent remplis de troupes, la petite ville de Pontarlier, qui renferme une population de six mille âmes, était littéralement bourrée de soldats, d'équipages militaires, de caissons, de chevaux, etc... Dans la grande rue qui traverse toute la ville, il était impossible de circuler. Des soldats de toutes armes, cavaliers, fantassins, turcos, mobiles, francs-tireurs, zouaves, artilleurs, affublés de la plus étrange sorte, mêlés les uns avec les autres, marchant à l'aventure, sans direction, sans ordre, abandonnés de leurs chefs, offraient le plus pittoresque, mais, hélas! aussi le plus navrant spectacle.

La plupart de ces hommes hâves, décharnés, tremblaient de froid ou de fièvre, et tous, à peu près sans exception, étaient en proie à cette toux stridente que les Suisses, quelques jours plus tard, devaient nommer la *toux Bourbaki*. A la porte de la sous-préfecture où ils stationnaient en plus grand nombre pour obtenir leur solde ou pour demander des renseignements sur leurs corps qu'ils avaient perdus, leur présence se trahissait moins par le bruit accoutumé de la foule que par les éclats de cette toux qui leur déchirait la poitrine.

Il va sans dire qu'il était impossible même d'abriter une pareille multitude. Les malheureux couchaient donc partout où ils pouvaient; de la cave au grenier, toutes les maisons étaient pleines ; l'église, l'hôpital, la mairie en regorgeaient et la plupart étaient encore obligés de passer la nuit dans la rue couverte de neige, au pied des maisons contre lesquelles ils faisaient du feu, avec tout ce qu'ils trouvaient. C'est ainsi que plusieurs ayant ramassé dans des greniers une herbe sèche qui brûlait avec une odeur agréable, consumèrent sans s'en douter pour des sommes considérables d'absinthe.

L'indifférence des chefs pour les souffrances de leurs troupes, qui devait, quelques jours plus tard, si fort scandaliser les Suisses, se montrait ici dans toute sa brutalité égoïste. Tandis que les hommes mourant de misère couchaient sur le sol pêle-mêle comme des animaux, les officiers, pour la plupart, encombraient les hôtels ou les riches maisons et exigeaient toutes leurs aises. Quelques habitants qui eurent l'honneur de loger des officiers de l'état-major retrouvèrent dans leurs chambres, après leur départ, des pots de pommade et de Cold-Cream (*historique*).

La misère des soldats était tellement intolérable que plusieurs, dit-on, se suicidèrent dans les rues mêmes de la ville. Mais c'est à peine si au milieu de cette prostration générale, ces accidents isolés furent remarqués.

§ II.

Le général Clinchant qui, après le suicide de Bourbaki, avait été désigné pour le remplacer, était arrivé à Pontarlier où se trouvait réuni depuis quelques jours le gros de l'armée. Le 20e corps occupait la contrée qu'on appelle la Chaux d'Arlier, Bannans, Dompierre, Frasne et Bulle. Le 15e corps était concentré à Doubs, Arçon, Dommartin, et enfin le 24e corps, celui de Bressolles, s'échelonnait sur la route qui conduit à Mouthe.

Le général en chef acculé à la frontière suisse ne pouvait plus sauver son armée qu'en essayant de faire une trouée par les plateaux, dans la direction de Lons-le-Saulnier où il eût pu encore être secouru par Garibaldi en marche du côté de Dôle. Il en eut tout d'abord l'idée. C'était du reste le projet de Bourbaki, car avant d'attenter à ses jours, il avait envoyé au sous-préfet de Pontarlier l'ordre de faire partir immédiatement les gardes nationaux de l'arrondissement dans toutes les directions par où l'ennemi serait signalé. Ceux-ci devaient s'embusquer derrière chaque rocher, derrière chaque buisson et retarder la marche de l'ennemi. « Dites aux gardes nationales, ajoutait cette dépêche, qu'elles seront soutenues par l'armée qui arrive sur les plateaux, » et cet ordre avait évidemment pour but de mettre l'armée de l'Est en mesure de gagner Lons-le-Saulnier.

Mais le nouveau général en chef n'avait pas une assez bonne opinion de ses troupes pour essayer de sauver ces soldats à la France par un coup de force. Il est à présumer qu'il nourrissait déjà secrètement le projet de passer en Suisse, car il télégraphiait à Garibaldi dans les termes suivants :

« Je suis enfermé dans Pontarlier et autour de Pontarlier par des forces *très-supérieures*. J'ai peu de vivres. *J'agirai de manière à ne pas laisser faire mon armée prisonnière.* »

En essayant de passer du côté de Champagnole, l'armée de l'Est n'eût rencontré que des forces de beaucoup inférieures à elle, puisque les divisions de Werder et de Trescow étant encore en arrière, elle n'aurait eu affaire qu'à l'avant-garde de Manteuffel. Mais au lieu de prendre ce parti héroïque, Clinchant, comme Bourbaki autour de Besançon, perdit plusieurs jours à Pontarlier sans se décider à rien. Il étudiait un plan de retraite sur Lyon en laissant de côté les plateaux. Il s'agissait de s'engager dans l'étroite vallée de Mouthe qui longe la frontière suisse. Mais cette ligne même était déjà menacée et il eût fallu lutter de vitesse avec l'ennemi pour arriver avant lui au col des Planches qui est la clef du passage. La route était encombrée de neige et frayée seulement pour des traîneaux. On ne pouvait donc songer à faire occuper le Col que par des cavaliers. Cremer partit avec trois régiments de cavalerie pour aller s'emparer des Planches, de Saint-Laurent et de Morez.

Il réussit dans son entreprise.

Mais il était trop tard pour que l'armée de l'Est avec son immense attirail de fourgons, de voitures et d'artillerie pût s'échapper assez vite par cette route étroite, montueuse et chargée de plusieurs pieds de neige. Le 28 janvier, les Prussiens étaient signalés aux environs mêmes de Pontarlier, à Chaffois. L'avant-garde du 14e corps avait surpris dans ce village la brigade de Thortone et fait trois mille prisonniers parmi lesquels deux généraux qui, dit-on, jouaient au billard dans une auberge, le général d'Astugue et le général Minot. Les Allemands s'étaient emparés, en outre, de douze pièces de canon et de sept mitrailleuses.

Presqu'en même temps, les détachements qui poussaient en avant du côté de Lons-le-Saulnier pour nous couper la retraite arrivaient à Champagnole et enlevaient à Onglières et à Noseroy un convoi de cinquante voitures appartenant à notre cavalerie. De plus Schmehling accourait du côté de Saint-Gorgon, tandis que Debschitz s'avançait à marches forcées sur Morteau.

Ainsi, de toutes parts se rétrécissait autour de Clinchant le cercle de fer dont Manteuffel l'avait entouré. Le général en chef semblait avoir renoncé à tout effort pour modifier sa déplorable situation. Une partie des troupes qui encombraient Pontarlier s'étaient mises en route ce même jour comme pour effectuer leur retraite par la route de Mouthe, et des ordres contraires les avaient fait rentrer en ville.

Il était bien difficile avec ces bataillons désorganisés et exténués de souffrances d'essayer une résistance quelconque.

§ III.

A Chaffois, comme on l'a vu, trois mille soldats, abondamment pourvus d'artillerie, s'étaient rendus presque sans combat. A Arçon, deux mille huit cents mobiles mettaient bas les armes devant un nombre inférieur de Prussiens et livraient neuf pièces de canon et deux mitrailleuses.

C'était une complète démoralisation. Il ne restait plus d'autre issue à Clinchant, s'il ne voulait pas livrer bataille sous Pontarlier, que de rendre toute son armée à Manteuffel qui la cernait comme à Sedan, ou de passer en Suisse, lorsque dans l'après-midi du 29, vers les quatre ou cinq heures, une dépêche (datée de la veille à onze heures du soir) arrivait à la sous-préfecture de Pontarlier annonçant la conclusion d'un armistice pour toute la France.

Voici dans quels termes était conçue cette importante nouvelle :

Délégation du Gouvernement à préfets et sous-préfets.

28 janvier, 11 h. 30 soir.

« La délégation du Gouvernement établie à Bordeaux, qui n'avait jusqu'ici sur les négociations entamées à Versailles que des renseignements fournis par la presse étrangère, a reçu cette nuit le télégramme suivant, qu'elle porte à la connaissance du pays dans sa teneur intégrale :

« *M. Jules Favre, ministre des affaires étrangères, à la délégation de Bordeaux. — Recommandée.*

« Versailles, le 28 janvier 1871, 11 heures 15 du soir.

« Nous signons aujourd'hui un traité avec M. le comte de Bismark; un armistice de vingt et un jours est convenu; une assemblée est convoquée à Bordeaux pour le 15 février. Faites connaître cette nouvelle à toute la France. Faites exécuter l'armistice, et convoquez les électeurs pour le 8 février. Un membre du Gouvernement va partir pour Bordeaux.

« *Signé :* JULES FAVRE.

« Un décret qui sera ultérieurement publié fera connaître les mesures prises pour assurer l'exécution des dispositions ci-dessus.

« *Pour copie conforme :*

« LAURIER (chiffre spécial).

« *Je vous écrirai aujourd'hui même pour vous faire connaître mes résolutions personnelles.* »

En Suisse, on avait été informé avant nous de ces bruits de capitulation de Paris, car dès la veille était parvenu à Pontarlier, daté de Bâle, un télégramme ainsi conçu :

« Une dépêche de Bordeaux dément formellement les bruits de capitulation de Paris répandus par le

Times. La résistance à outrance est décidée. » C'était la première fois qu'on entendait parler de négociation pour la paix, et comme les nouvelles d'origine suisse étaient d'ordinaire assez suspectes, on n'y avait pas ajouté grande importance.

Tandis que le sous-préfet était occupé à faire transcrire la dépêche télégraphique de Bordeaux, dont nous venons de parler, par laquelle était annoncé l'armistice qui sauvait l'armée de Clinchant d'une perte certaine, il recevait du général en chef la note suivante :

« M. le général commandant en chef l'armée de l'Est tient essentiellement à ce qu'aucune communication *politique* ou *militaire*, émanant d'une source officielle quelconque, ne soit affichée et rendue publique sans qu'elle lui ait été communiquée ou qu'il ait accordé son consentement.

« Pontarlier, le 29 janvier 1871. »

Un instant après, toute réflexion faite, le général nous envoyait dire que nous pouvions publier la dépêche.

Les soldats qui encombraient la rue accueillirent cette nouvelle d'une trêve avec les marques de la plus visible satisfaction. Ils se pressaient pour lire le télégramme à la porte de la mairie et le commentaient tout haut, s'applaudissant de voir enfin un terme prochain à leurs souffrances. Mais tout à coup surviennent des officiers qui arrachent l'affiche, enlèvent le falot qui éclaire et donnent ordre aux soldats de se porter en avant de la ville. En même temps la générale fait entendre son lugubre rappel.

Mais les soldats, forts de l'affiche qu'ils avaient lue, ou dont on leur avait rapporté les termes, refusent d'obéir. Les scènes de la plus déplorable indiscipline se produisent partout. Des officiers qui frappaient leurs hommes faillirent se faire un mauvais parti. Jamais le désordre et la confusion n'avaient atteint un pareil degré. La population civile était dans la consternation. L'ennemi, disait-on, était aux portes de la ville qu'il menaçait de bombarder, et en effet les Prussiens avaient déjà établi leurs batteries sur la côte de Chaffois, qui domine Pontarlier, à quatre kilomètres.

Comme les menaces de l'ennemi étaient des plus sérieuses, le général Clinchant s'empressa d'envoyer un parlementaire à Manteuffel pour lui annoncer la nouvelle de la suspension d'armes. On ne savait pas encore que Jules Favre, ignorant la situation désespérée de Clinchant, par suite du système de mensonge que tous les gouvernants ont admis comme un principe indispensable, avait excepté de l'armistice l'armée de l'Est qui en avait le plus besoin, mais que les dépêches de Gambetta avaient toujours représentée comme victorieuse. M. Jules Favre n'a pas encore donné une explication satisfaisante de cette exception, et surtout de l'absence de notification de cette nouvelle à ceux-là mêmes qui se trouvaient exposés aux plus grands dangers par suite de cet oubli.

En attendant la réponse du général prussien, Clinchant prenait ses précautions pour ne pas se laisser surprendre. Il avait massé des troupes en avant de la ville et établi des batteries sur le Mont, une éminence qui domine la plaine, sur la hauteur de Notre-Dame-d'Espérance et à l'entrée des quatre routes par où l'ennemi pouvait se présenter.

Un officier prussien, qu'on avait rencontré en l'absence de Manteuffel, avait déclaré à l'envoyé de Clinchant ne rien connaître de la suspension d'armes.

La dépêche reçue le 29, dans l'après-midi, et qui annonçait l'armistice, ne donnait, ainsi que nous l'avons vu, aucun détail. Elle ne mentionnait même pas, ce que les journaux anglais et suisses annonçaient depuis quelques jours, la capitulation de Paris. A Bordeaux, on n'était pas mieux renseigné, puisque, le 30, la délégation envoyait aux préfets et sous-préfets le télégramme suivant :

« Le ministre de l'intérieur et de la guerre a fait passer ce matin à M. Jules Favre, à Versailles, une dépêche pour lui demander de sortir du silence gardé par le gouvernement de Paris, et de faire connaître le nom du membre du gouvernement dont l'arrivée était annoncée, ainsi que les motifs qui peuvent expliquer son retard. Il a réclamé en même temps des détails précis sur la situation générale et sur le sort de Paris. »

Voici le texte de cette dépêche à laquelle il est fait allusion et qui avait été envoyée par Gambetta à Jules Favre. Elle est datée de Bordeaux, du 30, à 2 h. 30 de l'après-midi :

« J'ai reçu le télégramme par vous adressé à la délégation de Bordeaux, le 28 janvier, à onze heures un quart du soir, et parvenu à destination à trois heures du matin, le 29 ; nous l'avons porté sans commentaire, en le certifiant conforme, à la connaissance du pays tout entier. *Depuis lors nous n'avons rien reçu*, le pays est dans la fièvre ; il ne peut pas se contenter de ces trois lignes. Le membre du gouvernement dont vous nous annonciez l'arrivée et dont vous ne nous avez pas dit le nom, n'est pas encore signalé par voie télégraphique, aujourd'hui, 30 janvier, à deux heures. Cependant, il nous est impossible, en dehors de l'exécution pure et simple de l'armistice par les troupes, dont nous avons assuré le respect, de prendre les mesures administratives que comportent les convocations des électeurs, en l'absence de toutes explications de votre part et sans connaître le sort de Paris. »

Ce fut le 30 seulement que le général en chef de l'armée de l'Est entendit parler pour la première fois de l'existence possible d'une clause qui exceptait ses troupes du bénéfice de la convention. Dans la nuit, il l'annonçait à Bordeaux :

« Je n'ai pas encore reçu de réponse officielle du général Manteuffel ; mais, d'après une lettre apportée par un parlementaire prussien, pendant une conférence près de Frasne, il paraîtrait que le général Manteuffel ne voudrait pas reconnaître cet armistice pour l'armée de l'Est, disant qu'il ne concerne que les armées du Nord et de Paris. »

A ce télégramme, le ministre, encore ignorant des détails de la convention, répondait de la façon suivante :

« La prétention du général Manteuffel de discuter l'armistice et de refuser de l'appliquer à l'armée de l'Est, est la violation formelle de la convention signée à Versailles, dans laquelle il est dit que l'armistice est immédiat et qu'il s'applique à toutes les armées de terre et de mer des deux puissances belligérantes. »

Le 31, au matin, on ignorait donc encore positivement la clause, si grave pourtant, qui excluait l'armée de l'Est de la convention. Il fallut que M. de Bismark lui-même fît connaître à Bordeaux les conditions de l'armistice par un télégramme daté de Versailles, du 31 janvier, à douze heures quinze du matin.

« Votre télégramme, disait Bismark à Gambetta,
« adressé à M. Jules Favre qui vient de quitter Ver-
« sailles, lui sera remis demain matin à Paris. Sous
« titre de renseignements, j'ai l'honneur de vous com-
« muniquer ce qui suit : »

Suivaient en abrégé les conditions de la convention, *y compris l'exception de l'armée de l'Est.*

Aussitôt après la réception de ce télégramme, M. Gambetta assure que les généraux Garibaldi et Clinchant furent avertis qu'ils eussent à continuer les hostilités au mieux des intérêts des armées qu'ils commandaient. Mais à ses agents dans les provinces, le Gouvernement de Bordeaux, nous ne savons trop avec quelle arrière-pensée, ne jugea pas à propos de transmettre des renseignements sur l'exception de l'armée de l'Est des bénéfices de l'armistice. On constatera cette omission dans le télégramme suivant, qui accusait une dissidence profonde entre la délégation de Bordeaux et le gouvernement de Paris :

« Bordeaux, 31 janvier, 3 heures 25 du soir.

« Depuis la dépêche qui vous a été envoyée et par laquelle on demandait à Versailles des renseignements prompts et précis sur la nature, l'étendue et la portée des arrangements conclus, aucune nouvelle officielle n'a été reçue. On ne sait rien de plus que ce matin. Toutefois, les avis de l'étranger portent qu'à Versailles, on n'a rien engagé sur le fond même de la paix. L'occupation des forts de Paris par les Prussiens semble indiquer que la capitale a été rendue en tant que place forte. L'armée et la garde mobile devront déposer leurs armes. La garde nationale sédentaire conserve les siennes. La convention qui est intervenue porte exclusivement sur l'armistice qui semble surtout avoir pour objet la formation et la convocation d'une assemblée.

« La politique, soutenue et pratiquée par le ministre de l'intérieur et de la guerre, est toujours la même, *guerre à outrance*, résistance jusqu'à complet épuisement. Employez donc toute votre énergie à maintenir le moral des populations. Le temps de l'armistice va être mis à profit pour renforcer nos trois armées en hommes, en munitions, en vivres. Les troupes seront astreintes à une discipline sévère, à laquelle il faudra donner tous vos soins de concert avec les chefs militaires. Elles devront être exercées tous les jours pendant de longues heures pour les aguerrir. Les conseils de révision devront continuer, et tout le travail d'organisation d'équipement, loin d'être interrompu, devra être poursuivi avec une extrême vigilance. Il faut à tout prix que l'armistice nous profite et nous pouvons faire qu'il en soit ainsi. Enfin, il n'est pas jusqu'aux élections qui ne puissent et ne doivent être mises à profit. Ce qu'il faut à la France, c'est une assemblée *qui veuille la guerre* et soit décidée à tout pour la faire.

« Le membre du gouvernement qui est attendu arrivera sans doute demain matin. Le ministre s'est fixé un délai qui expire demain à trois heures.

« Vous recevrez, demain, une proclamation aux citoyens avec l'ensemble des décrets et des mesures qui dans sa pensée doivent parer aux nécessités de la situation actuelle.

« Donc patience, fermeté, courage, union et discipline.

« Vive la République ! »

Le même jour et pour mieux accentuer cette dissidence, le gouvernement portait à la connaissance de ses administrateurs la résolution suivante prise à l'unanimité par le Conseil municipal de Bordeaux :

« En présence des événements qui se produisent, le Conseil municipal proteste contre toute condition de paix qui ne sauvegarderait pas complétement l'honneur national. Il adjure la délégation de Bordeaux de rester à son poste et de continuer à préparer, avec la plus grande énergie, la guerre à outrance.

« Vive la République [1] ! »

Le général Clinchant feignant toujours d'ignorer les conditions de l'armistice, envoyait encore à Villeneuve-d'Amont le colonel Varaigne qui traitait d'une supension d'armes de trente-six heures avec le général allemand, pour qu'on eût le temps de demander et de recevoir des éclaircissements de Versailles. Mais ce nouveau parlementaire était éconduit : le chef allemand ne voulait interrompre son mouvement en avant qu'autant que l'armée de l'Est, en déposant les armes, se serait mise dans l'impossibilité de lui nuire. Tous ces pourparlers n'avaient plus d'autre but de notre part que de gagner du temps, puisqu'au même moment le général Clinchant traitait avec le général Herzog des conditions du passage de son armée en Suisse. Il avait reçu dans cette journée la confirmation de l'exception stipulée pour l'armée de l'Est dans l'armistice.

[1] V. Appendice N° 4.

CHAPITRE VII.

L'armée de l'Est cernée à Pontarlier. — Elle passe en Suisse. — Défense de l'arrière-garde. — Le fort de Joux.

Le mouvement de l'armée prussienne vers Pontarlier continuait par l'occupation de Bulle, de Sept-Fontaines, de Dommartin, de Vuillecin, etc. Le général Zastrow venant de Quingey et des environs accompagné de nombreux convois d'artillerie était arrivé à Levier avec la 13e division et s'y était arrêté, croyant à l'armistice. Mais dès le lendemain il était tiré de cette erreur par un ordre du quartier général et, de tous les côtés, les troupes allemandes continuaient sur Pontarlier leur mouvement concentrique. Seul le général Schmehling, au bruit d'un retour offensif des Français vers Belfort, revenait un moment sur ses pas. Mais le lendemain, il acquérait la certitude que le bruit était faux et il reprenait sa marche en avant du côté de Pontarlier.

Frasne était enlevé, le 30, au soir, après un combat insignifiant d'avant-garde, et nous laissions deux drapeaux et quinze cents prisonniers entre les mains de l'ennemi.

Du côté de Censeau, un détachement allemand rencontrait, le 30, un bataillon de gardes mobilisés qui s'en allaient à la débandade vers le Sud et les faisait prisonniers. Ces malheureux soldats étaient arrivés directement du camp de Sathonay à Besançon, où ils étaient demeurés inactifs jusqu'au moment où la débâcle de Bourbaki les entraîna dans son courant. Lorsqu'ils furent faits prisonniers ils fuyaient, avec le reste de l'armée, n'ayant même pas de cartouches pour se défendre.

Dans la matinée du 31 un détachement du corps du général Franseky avait poussé une reconnaissance dans la vallée de Bonnevaux, et avait passé par Vaux et Chantegrue pour arriver sur la route de Mouthe et couper la retraite aux Français dans cette direction, en arrière du fort de Joux. Vaux était cependant occupé par des forces supérieures en nombre aux Allemands : six ou sept mille hommes. Ces soldats ne résistèrent que deux heures environ et quittèrent la place en laissant neuf cents prisonniers. Les Prussiens vainqueurs continuèrent leur marche en avant, et le soir ils occupaient l'importante position des Granges-Sainte-Marie. Bien que la nuit fût close, le général allemand du Trossel, pour assurer son flanc droit, poussa jusqu'à la Planée dont il s'empara après une faible résistance; nous laissâmes cinq cent cinquante prisonniers entre les mains des Prussiens. L'ennemi, par l'occupation de ce village, nous fermait complétement la retraite du côté du Sud. C'est ainsi qu'il nouait la dernière maille du réseau dans lequel il avait enveloppé l'armée française.

Sans la frontière suisse, dont l'accès était protégé par les deux forts de Joux et du Larmont, Pontarlier devenait inévitablement un nouveau Sedan.

A quatre heures du soir un ordre du quartier général prussien dirigeait le gros des forces sur la ville, en ordre de bataille, car on s'attendait à une suprême résistance. « Mais à quoi bon se défendre? disaient les officiers français que l'on interrogeait sur les intentions de leur général ; un succès ne pourrait rien changer à la situation de la France, qui venait de conclure l'armistice, et un désastre était capable d'entraîner la perte inutile d'un grand nombre de soldats. »

Les troupes allemandes en avant sur le plateau, du côté de Levier et de Morteau, en même temps que celles qui avaient tourné la ville par la vallée de Vaux et les Granges-Sainte-Marie, devaient marcher toutes à la fois sur Pontarlier. En même temps, un détachement de cavalerie était envoyé vers Étalans pour hâter l'arrivée du général Schmehling qu'on attendait de ce côté et qui se trouvait à Nods.

§ I.

Le 1er février avait été signée à cinq heures du matin, entre le général Clinchant et le général suisse Herzog, la convention suivante :

« 1° L'armée française déposera ses armes, équipements et munitions, dès qu'elle sera entrée sur le territoire suisse;

« 2º Ces armes, équipements et munitions seront rendus à la France, à la paix, et après règlement complet des dépenses de la Suisse pour l'entretien des troupes françaises ;

« 3º Les effets des officiers, leurs chevaux, leurs armes seront laissés à leur disposition ; pour les chevaux de la troupe des dispositions seront également prises ultérieurement ;

« 4º Les fourgons de vivres et de bagages déposeront leur contenu et retourneront immédiatement en France avec leurs conducteurs et leurs chevaux ;

« 5º Les voitures du Trésor et des postes seront remises à la Suisse, qui tiendra compte de leur contenu, lors du règlement ;

« 6º L'exécution des précédentes dispositions se fera en présence d'officiers suisses et français, désignés à cet effet ;

« 7º La Confédération se réserve la désignation des localités d'internement pour les officiers et les soldats ;

« 8º Le conseil fédéral indiquera les prescriptions de détail qui compléteront la présente convention.

« Fait en triple expédition.

« CLINCHANT, HERZOG.

« Verrières, le 1er février 1871 »

Dès la veille, les colonnes françaises qui étaient engagées sur la route de Mouthe avaient reçu l'ordre de rebrousser chemin et de passer en Suisse par Jougne ou par les Fourgs.

Dans la nuit du 31 au 1er février, ou plutôt dès le matin du 1er, à l'aube, les soldats de l'armée de l'Est qui, depuis plusieurs heures, attendaient immobiles sur la route la ratification de la convention, commencèrent à défiler et entrèrent de Verrières-France en Suisse.

Un poste de troupes confédérées sur la limite des deux pays avait formé la haie et procédait au désarmement. Chaque soldat jetait sur le bord du chemin ses armes, sabre, pistolets d'arçon, chassepot, etc., qui, bientôt s'élevèrent en énormes monceaux. Seuls les officiers gardaient leur épée. Pendant toute la journée ce défilé continua, car il ne pouvait s'opérer que lentement sur cette voie étroite encaissée entre de hautes montagnes. En attendant qu'ils pussent passer, les soldats sans ordre, sans chefs (tous les corps étaient mêlés), bivouaquaient dans la neige et essayaient de faire rôtir en plein vent des quartiers de viande enlevés aux chevaux dont les cadavres jonchaient la route.

Des bourgeois de Neufchâtel étaient arrivés avec des provisions de pain, du vin, de la soupe, du tabac et les distribuaient aux malheureux soldats affamés et gelés.

C'est ainsi que dès leurs premiers pas sur le territoire suisse, nos troupes éprouvaient les bienfaits de cette hospitalité dont elles garderont à nos voisins une éternelle reconnaissance.

§ II.

Voici ce qui s'était passé à Pontarlier tandis que l'armée de l'Est opérait son entrée en Suisse : un nouveau parlementaire avait été envoyé aux Allemands dont l'état-major se trouvait à Levier, pour leur demander une suspension des hostilités pendant que l'armée française passerait la frontière. Mais nos ennemis, nous l'avons déjà dit, voulaient une capitulation. Comme le parlementaire disait n'avoir pas d'instruction à ce sujet, il s'en retourna sous prétexte d'en conférer avec Clinchant. A ce moment, il ne restait plus à Pontarlier qu'une dizaine de mille hommes commandés par le général Billot et qui avaient pour mission de protéger la retraite. L'artillerie avait déjà quitté la ville ; un escadron de chasseurs à cheval stimulait et chassait devant lui tous les traînards qu'il rencontrait en chemin. A midi, quelques-uns de ces cavaliers traversèrent au triple galop la grande rue, en criant les *uhlans*, les *uhlans!* En effet, ceux-ci arrivaient par le chemin de la gare, tirant des coups de feu et poussant des cris pour effrayer les habitants. Puis ils disparurent et quelques instants après entrait le régiment de Colberg, musique en tête, qui prenait possession de la ville.

Les Prussiens firent un nombre considérable de prisonniers, parmi les traînards qui n'avaient pas voulu ou n'avaient pu suivre le gros de l'armée en Suisse. La ville était remplie d'armes, de convois de munitions, de bagages de toutes sortes que dans la hâte de la retraite et pour ne pas encombrer la route étroite qui mène à la frontière, on avait dû abandonner.

Aussitôt entrés à Pontarlier, les Prussiens, combinant leur action avec la brigade de Trossel, qui s'avançait par les Granges-Sainte-Marie, se portèrent en avant espérant couper la retraite à l'armée française avant son entrée en Suisse. Mais depuis cinq heures du matin le passage s'effectuait et il ne restait plus que l'arrière-garde du général Billot, fortement soutenue par les canons du Larmont et du fort de Joux, entre lesquels passe la route unique qui conduit à la frontière. Les Prussiens, qui ne s'attendaient pas à cette résistance, s'étant imprudemment avancés dans cette étroite vallée de la Cluse, y furent accueillis par un feu très-vif de mousqueterie et par celui des canons du fort. L'arrière-garde française, échelonnée dans les bois sur le versant de la montagne, par où en 1815 arrivèrent les Autrichiens, défendit la position jusqu'à la tombée de la nuit et fit subir des pertes graves aux Prussiens. La seule brigade de Trossel avait laissé quatre cents hommes sur le champ de bataille, chiffre énorme eu égard au petit nombre de troupes engagées. Le régiment de Colberg perdit trois cent cinquante hommes sur ces quatre cents. Les pertes des Français furent insignifiantes, grâce à l'avantage de leur position. Seulement l'ennemi, tant à Pontarlier que sur les chemins conduisant en Suisse, ramassa bien dix mille prisonniers.

On ne peut s'expliquer cette imprudente attaque des Prussiens contre les forts du Joux et du Larmont, que par la persuasion où ils devaient être que ces deux forteresses étaient abandonnées. Et de fait, lorsque la veille au soir le brave commandant Ploton vint s'y installer avec ses artilleurs, la garnison des forts, composée en grande partie de mobilisés, était bien diminuée des trois quarts. Dans le fort du Larmont il restait à peine quelques hommes.

Le soir même de l'entrée des Allemands à Pontarlier le colonel d'état-major prussien envoyait le télégramme suivant à Versailles : « L'armée française, après plusieurs combats acharnés d'arrière-garde, particulièrement à la Cluse, a été refoulée au delà de la frontière.

« Dix-neuf canons, deux drapeaux sont tombés entre nos mains. Quinze mille prisonniers, parmi lesquels deux généraux, plusieurs centaines de voitures de provisions et un nombreux matériel en armes.

« Nos pertes montent à six cents hommes, tant tués que blessés. »

Dans un ordre du jour daté de Pontarlier, du 2 février, Manteuffel s'exprimait ainsi :

« Soldats de l'armée du Sud ! Vos marches et vos combats par la neige et la glace dans le haut Jura n'ont pas été inutiles. Deux drapeaux, douze canons, sept mitrailleuses, quinze mille prisonniers, parmi lesquels deux généraux et plusieurs officiers, plusieurs centaines de voitures de vivres, plusieurs milliers de chassepots sont entre vos mains. Dijon est repris, et j'apprends, par un télégramme de Berlin, que quatre-vingt mille hommes de l'armée française viennent de passer en Suisse par les Verrières, c'est-à-dire qu'ils ont déposé leurs armes et y demeureront internés jusqu'à la conclusion de la paix. L'armée de Bourbaki est donc hors d'état de combattre, les quelques détachements qui restent dans les montagnes seront bientôt vos prisonniers. Soldats de l'armée du Sud, recevez mes souhaits de bonheur et le témoignage de ma complète reconnaissance. »

Le lendemain, les Prussiens, si rudement éprouvés sous le fort de Joux, demandaient un armistice pour enterrer leurs morts et profitaient, selon leur habitude, de cette occasion pour se renseigner exactement sur la position. Mais aussitôt le délai de la suspension d'armes expiré le commandant Ploton recommença le feu et tint l'ennemi à distance.

Quelques francs-tireurs embusqués dans les bois sur la frontière suisse empêchèrent aussi les Prussiens de traverser la montagne et les gênèrent dans l'établissement de leurs batteries contre le fort.

L'énergique commandant Ploton était devenu la terreur des bourgeois de Pontarlier, qui le détestaient plus que Manteuffel. Un jour, comme il avait fait dire aux Prussiens que s'ils ne quittaient pas la ville il allait la bombarder depuis le fort de Joux, les notables, les mêmes sans doute qui étaient allés supplier Clinchant de ne pas résister, se rendirent en députation auprès de lui pour lui faire des remontrances. Mais ils ne furent pas même reçus. Le maire seul, qui avait été mandé par M. Ploton, entra dans le fort les yeux bandés, et vint rapporter aux notables tremblants que le terrible commandant persistait dans sa résolution.

Mais la chose tourna bien pour les Pontissaliens, puisque sur cette simple menace les Prussiens, qui savaient le commandant des forts homme à tenir sa parole, s'empressèrent de quitter la ville. Ils n'y rentrèrent que lorsque le bénéfice de l'armistice fut étendu au département du Doubs.

Le général en chef avait franchi la frontière en même temps que ses soldats. Il était aux Verrières (Suisse), tandis que l'arrière-garde du général Billot se battait contre les Prussiens pour soutenir la retraite. Le 1er février à deux heures et demie de l'après-midi, il envoyait, par le télégraphe, à Gambetta, la dépêche suivante dans laquelle il fait encore allusion à l'ignorance où il se trouvait au sujet des conditions de l'armistice, ignorance qui, l'on s'en souvient, existait au même degré chez les membres du gouvernement de Bordeaux.

« Tout ce que vous écrivez à Jules Favre, je l'ai tenté inutilement auprès de Manteuffel ; il m'a même refusé une suspension d'armes de trente-six heures pour que le gouvernement de Paris puisse donner des explications. J'ai dû me rendre à la dure nécessité de franchir la frontière. Le général Billot couvre la retraite avec trois divisions du 18e corps. »

Ce passage en Suisse s'effectua de divers côtés à la fois. Par les Verrières il passa environ cinquante mille hommes et presque toute l'artillerie ; trois mille hommes par le Locle et une dizaine de mille par la frontière vaudoise. Ces derniers étaient ceux qui avaient voulu s'échapper par Mouthe et qui, trouvant les défilés occupés, s'étaient rejetés en Suisse.

Le corps du général Cremer accomplit sa retraite de Pontarlier à Gex par la route de Morez. L'avant-garde composée de deux régiments de dragons et de deux régiments de chasseurs d'Afrique occupa les Planches pendant quelque temps. Dès que les Prussiens leur furent signalés ils élevèrent des barricades. Au moment de l'attaque ils mirent pied à terre et firent le coup de feu comme des troupes de ligne. Malheureusement très-inférieurs en nombre, ils allaient être cernés lorsque la nuit survint et leur permit de s'échapper. Le général Cremer étant dans l'impossibilité de rallier ses troupes les laissa se tirer de là comme elles l'entendraient.

La cavalerie arriva, le 1er février, à Foncine-le-Bas, et réussit à parvenir par un sentier de la montagne à la Chapelle et aux Rousses ; une fois là, elle était sauvée.

L'infanterie qui était demeurée en arrière se dirigea par les passages du Jura et au milieu d'une neige épaisse dans la vallée de Joux. Les régiments de cavalerie et de nombreux détachements d'infanterie arrivèrent le 3 février à Gex. De l'artillerie il n'y eut qu'une batterie de la 2e légion de marche du Rhône qui parvint en Suisse. Un parc de quarante canons qui ne put atteindre le passage de la Faucille fut abandonné et encloué.

Le colonel Poullet, inexactement renseigné sur un chemin de piétons par lequel on pouvait gagner Gex sans passer par Morez, partit avec ses troupes au milieu de la nuit, n'emmenant avec lui que son artillerie de campagne et arriva en Suisse sans s'en douter. Il raconte, lui-même, que, lorsqu'il reconnut son erreur, dans l'impossibilité de faire rebrousser chemin à ses soldats, qui, du reste, ne demandaient pas mieux que de mettre un terme à leurs fatigues, il retourna sur ses pas avec quelques officiers et s'en fut rejoindre le général Cremer à Morez.

Le corps franc des Vosges, commandant Bourras, parvint à se soustraire aussi à la nécessité de passer en Suisse. Partis de Saint-Hippolyte, le 28 janvier, et arrivés à Morteau le 29, après avoir perdu près de deux jours à cause de l'armistice, les francs-tireurs de Bourras traversaient Pontarlier à huit heures du matin le 1er février[1], et allaient coucher aux Hôpitaux-Neufs. Au petit jour ils gagnaient Mouthe, Chaux-Neuve, Chapelle-des-Bois, montaient le Rizou et se reposaient à Bois-d'Amont, après avoir fait quatre-vingt-quinze kilomètres de marche dans la neige presque sans s'arrêter. De Bois-d'Amont ils se dirigeaient par le col de la Faucille à Gex et à Collonges où ils se trouvaient définitivement en sûreté.

Plus de douze cents gardes mobiles sous les ordres du commandant Bousson qui s'étaient arrêtés sur la foi de l'armistice furent attaqués à l'improviste auprès du village de Blancheroche le 31 janvier au soir. Une partie furent faits prisonniers, les autres poursuivis franchirent la frontière suisse. Les fuyards arrivaient dans la nuit du 2 février à la Chaux-de-Fonds.

1. Les Prussiens y faisaient leur entrée à midi.

CHAPITRE VIII.

Garibaldi évacue Dijon. — Quelles ont été les conséquences de la clause exceptant les départements de l'Est de l'armistice. — Fin de la campagne.

Aussitôt que Garibaldi avait connu la situation critique de l'armée de l'Est à Pontarlier, il avait essayé d'opérer une diversion en menaçant les derrières des Allemands, du côté de Dôle et de la forêt de Chaux.

Il avait reçu, du reste, le 28, le télégramme suivant de la délégation de Bordeaux :

Guerre à général Garibaldi. (Extrême urgence.)

« Je viens confier à votre grand cœur la situation de « notre armée de l'Est, et vous demander votre appui « pour elle ; vous seul pouvez en ce moment tenter en « sa faveur une diversion efficace.

« Le général Bourbaki vient d'attenter à ses jours ; à « l'heure où je vous écris, j'ignore s'il vit encore.

« L'armée, fatiguée par les rigueurs du froid et par

« des marches stériles, est en retraite sur Pontarlier, « elle abandonnera cette direction au point le plus favo- « rable pour se rabattre sur le sud, sur Bourg par « exemple ; l'ennemi occupe actuellement Dôle, Mou- « chard, Arbois, Poligny, Andelot, Champagnole et s'y « renforce continuellement par des troupes qui suivent « les routes de Pesmes à Gray et de Pesmes à Dam- « pierre.

« Notre armée est donc menacée de voir sa retraite « inquiétée et coupée lorsqu'elle descendra par les « routes comprises entre la Suisse et la direction de « Besançon à Lons-le-Saulnier.

« Le seul moyen de conjurer cette dangereuse situa- « tion me paraît être de venir inquiéter les communi- « cations de l'ennemi lui-même, en s'installant solide- « ment sur ses derrières, dans la forêt de Chaux « notamment.

« Pour cela, il faudrait porter votre centre d'action à « Dôle et enlever conséquemment cette place à l'ennemi « qui s'y est soigneusent fortifié.

« Un tel résultat à atteindre exigerait, selon moi, que « vous partiez de Dijon avec presque toutes vos forces « disponibles, ne laissant dans Dijon qu'un chef très- « vigoureux et huit à dix mille mobilisés des moins « aptes à faire campagne.

« De notre côté, nous appuierons votre mouvement « par une diversion que tenterait un corps de quinze « mille mobilisés dans la direction de Lons-le-Saulnier, « Arbois. Votre entreprise devrait commencer le plus « tôt possible, le 30 courant ou même le 29. Vous tâ-

« cheriez de vous mettre en communication avec le nou-
« veau chef de l'armée, le général Clinchant, qui doit
« être actuellement à Ornans et vous l'informeriez du
« moment où votre appui lui serait assuré.

« L'entreprise que nous vous demandons est très-dif-
« ficile, impossible pour tout autre que vous, puisqu'il
« s'agit, avec de faibles forces, de préserver Dijon con-
« tre un coup de main et d'arracher Dôle à l'ennemi,
« en même temps que de vous maintenir dans des po-
« sitions étendues, comme la forêt de Chaux, que l'en-
« nemi occupe déjà sans doute.

« Cette entreprise est digne de votre génie. Croyez-
« vous pouvoir la tenter? Répondez-nous d'urgence, je
« vous prie.

« De Freycinet. »

Dès le 28 au matin, Garibaldi avait fait occuper par la brigade Baghino le bois de Crochères, en avant de l'importante position du mont Rolland, et avait forcé par cette seule menace l'ennemi à évacuer Dôle. Pendant ce temps, la brigade Menotti entrait dans Saint-Jean-de-Losnes.

Quelques troupes furent dirigées par Garibaldi vers Bourg dans le cas où, comme on s'y attendait, une action s'engagerait entre l'armée de Bourbaki et les Prussiens du côté de Lons-le-Saulnier.

Il commençait ainsi à accentuer son mouvement sur Bourg et Lons-le-Saulnier lorsqu'il reçut la nouvelle de l'armistice. Cette nouvelle, qui arriva à Dijon le 29, dans l'après-midi, le lendemain même de la dépêche que nous venons de citer, fut une surprise pénible pour Garibaldi et pour ses troupes. Ces courageux soldats, qui n'avaient jamais connu les lâches capitulations, ne comprenaient pas qu'on dût cesser la lutte. Aussi accueillirent-ils cette nouvelle par ces cris : « A bas le « gouvernement de la défense nationale ! »

Le héros italien qui, malgré l'armistice, ne désespérait pas encore de voir continuer la guerre, adressa à ses hommes la proclamation suivante :

« *Miliciens de l'armée des Vosges,*

« Une nouvelle douloureuse est venue vous surpren-« dre au moment où, par de nouveaux succès, vous aviez « encore, dans la journée d'hier, pu faire sentir à nos « ennemis le poids de vos armes.

« Par ma douleur et mon désappointement, je juge de « ce que vous éprouvez vous-mêmes ; non, il n'est pas « possible qu'à la faveur de cet armistice, une paix « déshonorante soit infligée à la France ; aussi, je vous « recommande à tous de mettre à profit cette suspen-« sion de 21 jours dans les fatigues et les combats.

« J'ordonne que chaque jour, de nombreux appels « soient faits, que les exercices et les manœuvres recom-« mencent, et que la théorie sur le service en campagne « soit rigoureusement suivie. Que les officiers surveillent « surtout le service aux avant-postes et apprennent à « leurs soldats à se garder, chose qu'ils savent mal jus-« qu'à ce jour.

« Sous les peines les plus sévères, officiers et soldats « doivent se garder, à nos avant-postes, de toute com- « munication avec l'ennemi, et cela sous quelque pré- « texte que ce soit.

« Qu'on soit, plus que jamais, sévère sur la question « des laisser-passer.

« Il faut que dans vingt jours, l'ennemi nous trouve « mieux que par le passé prêts à combattre, et subisse, « dans un élan suprême, le résultat de notre indignation « contre tous les ennemis de la République de quel- « que nom qu'on les appelle et de quelque titre qu'ils « soient affublés.

« Que chaque chef de corps me fasse connaître les « besoins de sa troupe, j'y satisferai dans le plus bref « délai.

« BORDONE. »

Dijon, le 29 janvier 1871.

Cette proclamation, au lieu de calmer les Garibaldiens, ne fit que les exaspérer davantage. Ils pleuraient de rage, brisaient leurs armes, parlaient de marcher en masse sur Bordeaux. Cette armée républicaine, qui n'avait jamais éprouvé l'humiliation démoralisatrice de la défaite, ne comprenait pas que tant de fatigues, tant de dangers courus, tant d'héroïques sacrifices offerts à la France, à la République, fussent ainsi devenus tout d'un coup inutiles. Ils semblaient prévoir aussi qu'avec la fin de la lutte, avec la reconnaissance de la défaite, c'était une ère de malheurs qui allait commencer pour leur chère

République, que tant de faux républicains avaient vendue à l'ennemi.

Mais cette nouvelle de l'armistice était fausse, au moins pour le département de la Côte-d'Or où se trouvait Garibaldi, qui était demeuré l'arme au pied dans les environs de Dôle. Et les Allemands profitaient de ce temps d'arrêt pour s'avancer toujours et renforcer leurs troupes. De telle sorte que lorsque le texte véritable de la convention fut connu, et il ne le fut que le 30 janvier, c'est-à-dire lorsqu'on sut que la Côte-d'Or était exceptée du bénéfice de la suspension d'armes, l'armée de Garibaldi avait été rendue incapable de continuer le combat. Ce n'était plus seulement la brigade Kettler qu'il aurait rencontrée autour de Dijon, mais tout le corps de Thann et les troupes badoises qui avaient eu le temps d'arriver du côté de la Haute-Saône et qui étaient concentrées aux environs de Dôle.

L'armée de Clinchant étant passée en Suisse, toutes les forces allemandes devenues disponibles, aussi bien celles de Werder que de Manteuffel, allaient donc retomber sur Garibaldi. Celui-ci, avec sa décision et son coup d'œil habituels, entrevit immédiatement la situation critique où il se trouvait, et tandis que son arrière-garde tenait en respect les ennemis, il battit en retraite avec un ordre admirable du côté de Mâcon. Il ne perdit ni un homme ni un canon, lorsqu'un seul jour de retard eût amené certainement la ruine complète de son armée. Les brigades Kettler et Knesebeck étaient déjà aux portes de Dijon, du côté de Barrois et de Saint-Apollinaire.

Le maire de Dijon, au moment où Garibaldi quittait la ville, vint le remercier au nom des habitants du courage avec lequel il avait défendu la cité et lui annonça que les Dijonnais faisaient frapper une médaille d'or commémorative au héros de la République universelle. Les cinquante mille suffrages que donnaient, quelques semaines plus tard, les électeurs de la Côte-d'Or à Garibaldi, ont fait suffisamment justice des calomnies ineptes et des attaques passionnées dirigées contre son inaction pendant la retraite des Français sur la Suisse.

Après avoir sauvé son armée pour le cas où la lutte eût été reprise, Garibaldi s'établit à Chagny et sur la limite du département de Saône-et-Loire.

C'est ainsi que se terminèrent les opérations de l'armée des Vosges. On doit savoir maintenant à quoi s'en tenir sur les reproches qui ont été adressés à Garibaldi par les royalistes et les cléricaux. La haine politique et religieuse a tellement dénaturé tous les faits qui concernent le héros italien ; ses ennemis ont fait éclater un tel concert de diffamations à son sujet, que quelques républicains eux-mêmes en ont pu sentir leur confiance ébranlée.

Les faits, tels que nous les avons simplement reproduits, suffiraient à faire justice de ces mensonges, mais pour ceux qui, comme nous, ne sont peut-être pas encore complétement persuadés que Garibaldi est la plus haute personnification de l'abnégation et du dévouement modeste, nous reproduisons la lettre suivante adressée à un de ses amis, et qui, outre qu'elle met à néant les calomnies avec lesquelles on a essayé de salir sa réputation sans tache, a l'avantage, au point de vue historique, de donner un résumé complet des campagnes de son armée. Comme jamais personne n'a mis en doute la franchise et l'absolue sincérité du héros de l'indépendance, ce document vaut tous les témoignages étrangers qu'on pourrait invoquer :

« Mon cher Fabrizzi,

« Ce n'est pas la première fois que le *Times* me « frappe à tort ; et ce n'est pas la première fois qu'à « l'abri de ma conscience, je méprise de semblables « publications de la part d'un journal universellement « répandu, mais qui écrit toujours pour celui qui le « paye.

« Ceux qui m'attaquent dans le *Times*, sont les mêmes « que ceux qui se lamentent de voir qu'il n'est pas « arrivé à l'armée des Vosges ce qui est arrivé à celle « de Bourbaki. A vous cependant je dois donner les « explications suivantes :

« L'armée des Vosges, qui n'a pu s'appeler ainsi que « dans les derniers jours de son existence et lorsque « tout était fini pour ainsi dire, sauf deux mille Italiens « environ, quelques centaines d'Espagnols, Grecs et « Polonais, un millier de francs-tireurs de Ricciotti, « deux bataillons de mobiles, et peu d'artillerie, c'est-« à-dire avec un total de sept à huit mille hommes, « n'avait pas de troupes sur lesquelles on pût compter, « parce qu'elles étaient jeunes (*novizi*), mal armées, et « plus mal disposées à combattre.

« Avec cette poignée d'hommes, l'armée des Vosges a

« fait respecter Dôle, Autun, la plus grande partie de « la Bourgogne, et grâce à cela, en arrière de son « rideau léger mais victorieux, ont pu s'effectuer les « deux mouvements de flanc de Chagny à Orléans, où « le général Crouzat allait renforcer l'armée de la Loire « avec quarante mille hommes, et celui du général « Bourbaki, qui, détaché de la grande armée de la « Loire battue à Orléans, se mettait en marche vers « Belfort, mouvements rendus possibles par la con- « tenance de la pauvre armée que je commandais. « Ces mouvements bien conçus, mais mal exécutés, « eurent la suite que tout le monde connaît ; et « l'armée des Vosges, occupant honorablement les po- « sitions du centre, était dans l'impossibilité absolue « de coopérer aux actions militaires des armées sus- « nommées.

« L'armée des Vosges, laissée très-longtemps dans « un état d'abandon, avec des bataillons entiers sans « armes, et quelques-uns armés de véritable ferraille, « avec peu d'artillerie et de cavalerie, ne fut en aucune « circonstance secourue par les autres armées ; elle a, « au contraire, soutenu la retraite du général Cremer « battu à Nuits, en plaçant sa quatrième brigade entre « l'ennemi et l'armée qui s'échelonnait entre Chagny et « Beaune.

« Le passage de l'armée de Manteuffel au nord, « pour aider celle de Werder, m'était connu ainsi « qu'à mes quatre brigades. La seconde, commandée « par le colonel Lobbia, et la quatrième, commandée « par Ricciotti, manœuvraient conjointement avec tous

« nos autres corps de francs-tireurs, et étaient déta-
« chées pour contrarier la jonction des armées en-
« nemies.

« Lobbia, Ricciotti et les francs-tireurs firent des « prodiges et furent plus d'une fois sur le point d'être « enveloppés et écrasés par de très-fortes colonnes « ennemies.

« Avec le reste de l'armée, nous occupions Dijon, « et ceux qui ont assisté aux sérieux combats des 21, « 22 et 23 janvier, savent si nous avions des forces « suffisantes pour en distraire une partie et l'envoyer « au secours de Bourbaki, sous Belfort.

« Il est vrai qu'après avoir battu les Prussiens à « Dijon, nous avons pu étendre notre droite vers « Dôle, par suite de l'occupation du Mont-Rolland, « position très-forte qui domine la ville et dont s'em- « para le lieutenant-colonel Baghino, à la tête de « sept cents hommes, mais cette extension de notre « aile droite, mon cher Fabrizzi, était un acte témé- « raire en faveur de l'armée de l'Est, en considérant « les forces importantes de l'ennemi qui étaient tou- « jours sur notre front.

« Parfaitement au courant de l'accroissement des « forces de l'ennemi dans l'Est, depuis la capitulation « de Paris, je me suis vu forcé, par la triste situation « de l'armée de Bourbaki, et après la menace d'être « enveloppé à Dijon, d'abandonner cette ville et de re- « prendre l'ancienne ligne d'Autun, Chagny, etc., etc., « pour couvrir Lyon, le Creuzot, etc.

« Ma retraite eut lieu le 1er février, et le même jour,

« je reçus un télégramme du général Clinchant, succes-
« seur de Bourbaki, qui m'avisait qu'il était enveloppé
« par l'ennemi.

« Sans attendre un instant, je fis préparer un convoi
« spécial ; et avec tout ce que je pus emmener de mes
« meilleures troupes, j'arrivai à Lons-le-Saulnier,
« après avoir ordonné au reste de mon armée de me
« suivre ; la première brigade, commandée par Canzio,
« était déjà arrivée à Bourg et à Montrevel, quand la
« nouvelle de l'internement de l'armée de l'Est en
« Suisse devint un fait certain.

« Par tout ce qui précède, vous verrez que le dé-
« plaisir des jésuites et de leurs compagnons est bien
« fondé.

« J'ajoute seulement que le général Bourbaki, avec
« ses cent vingt mille hommes, a eu assez de bon sens
« pour ne jamais demander du secours à mon armée.

« Toujours votre

« G. GARIBALDI. »

Comme il est dit dans cette lettre, Garibaldi se rendit, en effet, à Lons-le-Saulnier, où se trouvait déjà le général Pélissier venu de Lyon avec dix-huit mille hommes. Mais, c'était vers le 3 février et à cette date, depuis deux jours, toute l'armée de l'Est était passée en Suisse.

§ 1.

Le général Clinchant, dans un ordre du jour daté de Pontarlier, a cherché à établir que c'était à cause de l'armistice qu'il n'avait pu sauver son armée. Voic proclamation qu'il adressa à ses troupes :

« Soldats de l'armée de l'Est,

« Il y a peu d'heures encore, j'avais l'espoir, j'avais même la certitude de vous conserver à la défense nationale. Notre passage jusqu'à Lyon était assuré à travers les montagnes du Jura.

« Une fatale erreur nous a fait une situation dont je ne veux pas vous laisser ignorer la gravité.

« Tandis que notre croyance en l'armistice qui nous avait été notifié et confirmé à plusieurs reprises par notre gouvernement nous condamnait à l'immobilité, les colonnes ennemies continuaient leur marche, s'emparaient des défilés déjà entre nos mains et coupaient ainsi nos lignes de retraite.

« Il est trop tard aujourd'hui pour accomplir l'œuvre interrompue ; nous sommes entourés par des forces supérieures ; mais je ne veux livrer à la Prusse ni un homme ni un canon.

« Nous irons demander à la neutralité suisse l'abri de son pavillon ; mais je compte dans cette retraite vers la frontière sur un effort suprême de votre part. Défendons pied à pied les derniers échelons de nos montagnes ; protégeons le défilé de notre artillerie et ne nous retirons sur un sol hospitalier qu'après avoir sauvé notre matériel, nos munitions et nos canons.

« Soldats, je compte sur votre énergie et votre fermeté ; il faut que la patrie sache bien que nous avons tous fait notre devoir jusqu'au bout, et que nous ne déposons les armes que devant la fatalité.

« *Le général en chef de la 1re armée.*

« CLINCHANT. »

Pontarlier, 31 janvier 1871.

Ceux qui auront suivi avec quelque attention, dans notre récit, la marche des troupes allemandes rétrécissant tous les jours leur cercle autour de Pontarlier, sauront à quoi s'en tenir sur la valeur de cette explication du général en chef de l'armée de l'Est. L'armistice n'a été connu à Pontarlier que le 28. L'auteur de ce récit en a affiché lui-même la nouvelle dans l'après-midi de ce jour. Et à cette date, les Prussiens se trouvaient à quatre ou cinq kilomètres de la ville, prêts à combattre. A ce moment, toutes les issues, sauf la frontière suisse, étaient déjà fermées à l'armée française.

Du reste, les Suisses affirment que dès le 28, c'est-à-dire le jour même où fut signé l'armistice à Versailles et avant qu'il fût connu, des pourparlers avaient été engagés à la frontière relativement à l'entrée de l'armée de l'Est. Le 29, ces pourparlers continuèrent, et un officier suisse qui fut envoyé à Pontarlier, en revint avec la persuasion que toute l'armée se concentra i dans cette place pour passer la frontière [1]. C'est aussi notre opinion; il est évident que si le général Clinchant avait voulu essayer de faire échapper son armée par Mouthe, en admettant que cette entreprise eût été réalisable même en l'absence des Prussiens au Col-des-Planches, il ne serait pas resté plusieurs jours immobile dans Pontarlier.

§ II.

L'armée de Bourbaki une fois passée en Suisse, et celle de Garibaldi dans Saône-et-Loire, la campagne était naturellement terminée. Les Prussiens n'avaient plus d'ennemis devant eux. Il ne leur restait qu'à occuper en entier, et sans combat, les départements du Doubs et du Jura en attendant, si les hostilités devaient continuer, qu'ils eussent des pièces de siége pour commencer l'attaque contre Auxonne et Besançon.

Le 3 février, les troupes allemandes qui tenaient les Granges-Sainte-Marie, vinrent prendre possession de Mouthe, où elles trouvèrent en quantité des armes et des bagages abandonnés par l'armée française lorsqu'elle avait passé en Suisse. Une partie de l'artillerie, à cause des chemins encombrés de neige, n'avait pu être emmenée plus loin et tomba entre les mains des enne-

1. *Journal de Genève*, n° 279.

mis. Les Planches, Saint-Laurent, Pont-du-Navoy, Champagnole furent solidement occupés. Le général Fransecky s'établit aux Planches. Quant au quartier général, il se transporta de Frasne à Champagnole.

Le détachement Goltz se cantonna à Poligny, et le 7e corps d'armée à Arbois et dans les environs.

Le 4 février, un parlementaire envoyé de Lons-le-Saulnier par le général Pélissier, vint demander aux chefs allemands de vouloir bien s'entendre avec lui pour tracer la ligne de démarcation entre les troupes. Les Prussiens, qui ne pouvaient croire qu'après huit jours les Français fussent encore ignorants des conditions réelles de l'armistice, le renvoyèrent en lui disant que le corps du Jura, que commandait Pélissier, n'avait qu'à se retirer au plus vite, s'il ne voulait pas que le sang fût de nouveau répandu inutilement. Le 6 février, Lons-le-Saulnier, abandonné par les soldats français qui passèrent dans le département de Saône-et-Loire, fut occupé, ainsi que toute la partie sud du Jura, à cette limite.

Jusqu'à la fin de février, où la paix fut définitivement signée, les Prussiens profitèrent de l'état incertain de l'armistice pour réquisitionner à outrance les pays occupés et pour leur imposer des contributions de guerre que certaines communes trop timides et trop empressées se hâtèrent malheureusement de payer.

La contribution de guerre fixée par l'armée de Werder était ordinairement de 7 francs par tête dans la campagne.

Voici la copie d'une de ces singulières impositions qui donnera au lecteur une idée de ce qu'elles étaient d'habitude :

AVIS.

« Une contribution en argent s'étendant sur tout le territoire occupé par l'armée allemande, doit être levée :

« La population sera tenue à contribuer à *peu près 7 francs par tête.*

« La levée de cette contribution s'*exécoutera* immédiatement par canton.

« En considération de cet arrêté, la somme payable du canton d'*Audeux*, d'après le chiffre de la population de 10,700 *habitants de campagne*, s'élève à 75,000 fr.

« Cette somme devra être versée dans un délai de quatre jours à dater de la lettre présente à la caisse militaire de Saint-Vit, soit directement, soit par l'intermédiaire de l'autorité militaire la plus prochaine.

« M. le maire du chef-lieu du canton d'Audeux est prévenu que c'est à ses soins que je remets la répartition des sommes payables par les communes de son canton.

« C'est sous la responsabilité du chef-lieu de canton que la rentrée de la somme mentionnée ci-dessus devra s'exécuter.

« Aucune réclamation, ni des cantons, ni des communes ne sera admise ; et en cas de retard, on prendra les mesures militaires les plus rigoureuses contre les *obstinats*.

« Saint-Vit, le 12 février 1871 [1]. »

La capitale de la Franche-Comté dut son salut à l'armistice. Les Prussiens déclarent eux-mêmes que sans cette suspension d'armes ils allaient faire venir un matériel de siége pour ouvrir le feu contre la ville. Et Besançon n'aurait pu opposer qu'une résistance insignifiante à l'ennemi.

Du côté de l'ouest, un terrassement informe, *les Justices*, complétement dominé par les Montboucons, aurait été écrasé en un instant. L'ennemi, du reste, s'il avait eu l'intention de bombarder la ville, qui n'est qu'à 4,500 mètres des Montboucons, n'auraît même pas eu à s'occuper de ce fortin. Du côté de l'est, les défenses à peine ébauchées de Montfaucon n'auraient pas résisté à une attaque de vive force, et une fois cette position enlevée, les bicoques de Palente et de la Créte-des-Buis, battues d'enfilade et de revers et Bregille écrasé de plein fouet, c'en était fait de la défense de la ville, qui du reste, de tous les côtés, pouvait être aisément réduite en cendres par un bombardement.

Ce qui a sauvé Besançon d'une ruine certaine, c'est, je le répète, la suspension des hostilités. Le capitaine de vaisseau Rolland devenu, on ne sait trop pourquoi,

1. Voir Appendice n° 5.

l'idole des bourgeois de la ville, n'y a certainement contribué en rien [1].

Lorsque l'armistice fut enfin signé et que Belfort dut ouvrir ses portes en obtenant pour sa garnison les honneurs de la guerre [2], tout fut bien terminé en Franche-Comté comme dans tout le reste de la France. Aussi le général Manteuffel pouvait-il, le 14, faire connaître comme il suit à l'armée du Sud la fin des hostilités :

« Soldats de l'armée du Sud, j'ai le bonheur de pouvoir vous annoncer que vous pouvez enfin jouir du repos par vous si bien mérité. Comment ne pas se rappeler, en ce moment même où la guerre est terminée, vos victoires sous Belfort, vos marches pénibles et sans trêve à travers le haut Jura, vos sanglants et victorieux combats contre cette dernière armée ennemie que vous avez réussi à jeter au delà de la frontière suisse. Vous n'abandonnez aucune des positions que vous avez conquises ; trois départements jusqu'à Lons-le-Saulnier restent en votre possession et la ville forte de Belfort vous a rendu ses clefs. Soldats de l'armée du Sud, il vous appartient de montrer maintenant après vos héroïques faits d'armes, par votre douceur, votre aménité et par votre respect du vaincu, que la vraie civilisation réside dans la race germanique [3]. »

1. Voir Appendice n° 6.
2. Voir Appendice n° 7.
3. Voir Appendice n° 8.

CHAPITRE IX.

Causes générales qui ont amené l'insuccès de l'armée de l'Est.

L'insuccès de cette campagne de l'Est a tenu à des causes très-diverses, mais les principales, comme nous l'avons déjà dit souvent, furent les retards que subirent les mouvements des différents corps, la mauvaise organisation de l'intendance, le manque d'énergie des chefs et surtout la rigueur extraordinaire de la saison.

Les troupes qui avaient commencé à quitter Bourges vers le 18 et le 20 décembre, n'étaient parvenues dans les environs de Dijon que vers le 27, et il leur fallut encore treize jours pour arriver à destination sur les rives du Doubs. Elles étaient donc restées plus de vingt jours en usant des chemins de fer pour parcourir trois cents kilomètres, soit environ quinze kilomètres par jour.

Non-seulement les troupes ainsi transportées par la voie ferrée mirent un temps considérable à se réunir, mais les convois de vivres et de munitions étaient si nombreux, car il fallait tout porter avec soi dans ces pays dévastés par l'ennemi, que les routes étaient aussi devenues impraticables.

La triste situation des soldats, au point de vue de la nourriture et du vêtement, fut aussi un obstacle qui vint entraver le mouvement sur Belfort. Les services de l'intendance, comme nous l'avons déjà dit, étaient fort mal organisés; on n'avait voulu se servir pour transporter l'armée que des chemins de fer, et dès le début ils avaient été tellement encombrés que la plus grande partie des vivres et des munitions stationnèrent inutiles dans les gares et ne purent parvenir en temps opportun aux troupes. Il faut ajouter que par *mesure de prudence*, les compagnies avaient mis à l'abri, en Suisse, une partie de leur matériel roulant.

A Vesoul, pendant que les soldats de Bourbaki se battaient le ventre creux, des approvisionnements importants étaient accumulés à la gare. A la nouvelle que les Prussiens approchaient — c'était aux environs du 15, pendant les trois jours de bataille, — l'intendance quitta la ville en recommandant aux employés de la gare de brûler toutes les provisions. Quand les habitants de Vesoul en furent informés, ils accoururent en foule et pillèrent les wagons de vivres et d'effets d'habillement. Le soir, le maire fit annoncer à son de caisse, les Prussiens n'étant pas signalés, qu'on eût à rendre ces objets; mais à peu près personne n'obéit à cette injonction. La veille l'intendant avait eu soin de réquisitionner toutes les voitures des environs pour faire conduire ces approvisionnements à Besançon, mais à l'annonce des Prussiens, il avait fait renvoyer ces voitures et avait donné l'ordre dont nous venons de parler.

A Mouchard vers le 28 janvier, 32 wagons remplis de

pain stationnaient depuis huit jours. Il fallait des ordres de l'intendance pour les expédier.

Ces exemples, que nous citons entre mille du même genre, expliqueront comment nos soldats devant l'ennemi eurent à endurer non-seulement le froid mais la faim.

Comment voulait-on que dans des conditions pareilles les combattants de l'armée de la Loire, déjà affaiblis par les fatigues et la misère, mal vêtus, mal chaussés, mal nourris, pussent lutter avec les hommes chaudement habillés, bottés et bien en point de l'armée prussienne, et qui par surcroît avaient pour soutien la confiance que leur donnaient des succès persistants?

Les soldats de l'armée de l'Est, qui venaient en grande partie des contrées méridionales de la France, et qui pour leurs débuts se trouvaient exposés aux dernières souffrances, encombraient les ambulances, se traînaient péniblement le long des chemins, apportaient partout la confusion et, ce qui est plus dangereux encore, le découragement.

Il faut dire aussi que le plan général de cette expédition avait été fort mal conçu ; qu'il consistait à venir attaquer dans un pays de hautes montagnes un ennemi qui se défendait. Or si l'on a pu nous reprocher avec raison d'avoir abandonné les Vosges lorsque nous les occupions et qu'il était si facile de s'y maintenir à cause de la nature du terrain accidenté, excellent pour la défensive, il faut bien reconnaître que les Prussiens, dans les montagnes du Doubs, possédaient ces mêmes avantages et qu'il nous était bien difficile d'enlever leurs positions. Tout autre projet qui eût évité les hauteurs eût donc été préférable à ce qui fut tenté. Si l'armée de Bourbaki, au lieu de marcher par la vallée de l'Ognon, se fût portée beaucoup plus à l'ouest afin de couper la ligne du chemin de fer de Mulhouse ou de Strasbourg, la campagne de l'Est eût peut-être réussi.

Mais il convient de reconnaître également qu'on ne s'attendait pas à cette résistance du corps de Werder. On imaginait qu'en présence de forces supérieures l'ennemi lèverait le siége de Belfort sans combattre, comme il avait abandonné Dijon, et qu'on se replierait alors du côté de Toul où l'on aurait un climat moins rude à supporter.

Après l'échec de l'expédition contre Belfort, il y eut encore une lourde faute commise, ce fut de battre en retraite sur Pontarlier, dans ces montagnes couvertes de neige et par une température sibérienne. Là devait se désorganiser complétement l'armée. Ce ne fut plus alors qu'un ramassis d'hommes sans cohésion, à la merci de quelques uhlans, qui ne se donnaient même plus la peine de faire des prisonniers.

Mal conçu dans son ensemble, le plan de campagne contre Belfort fut mal exécuté dans ses détails, surtout à cause de l'inexcusable ignorance des chefs. Personne ne voudra croire que l'état-major n'avait pas même une carte du terrain où opérait l'armée. A Besançon, lorsqu'ils passaient pour marcher sur Belfort, les officiers assiégeaient les magasins de librairie pour y acheter une vieille carte du Doubs qu'on avait rééditée pour les besoins du moment et qui datait de 1832. Cette carte, plane, sans le moindre relief, non-seulement ne donnait pas, en raison de sa date et du peu de soin avec lequel elle avait été tracée, les indications des routes et des chemins au complet, mais fourmillait d'erreurs. La retraite de l'armée de l'Est sur Pontarlier était déjà commencée, lorsque M. de la Valette se rendait en mission, à Besançon, porteur de cartes pour l'état-major.

Quand le général Bressolles, abandonnant la défense des plateaux, arriva à Pontarlier, il vint immédiatement à la sous-préfecture demander où il était et par quels chemins il pourrait faire passer ses soldats. Une ancienne carte de l'état-major appendue dans le cabinet du sous-préfet, bien antérieure à l'établissement des chemins de fer et des nombreuses routes vicinales, fut considérée comme une heureuse trouvaille par les officiers qui se mirent à l'étudier séance tenante.

Quoi qu'il en soit de ces causes multiples, qui expliquent jusqu'à un certain point la nécessité de la retraite, cependant tous les soldats de l'armée de Bourbaki reprochent à leur général d'avoir manqué d'énergie et d'avoir abandonné la lutte au moment où un effort de plus leur assurait le succès. Les chefs, au contraire, affirment que si l'attaque avait été renouvelée dans la journée du 17 contre les positions ennemies, au lieu d'une retraite en bon ordre, nous eussions eu une véritable déroute à la suite de pertes énormes, et que l'armée complétement démoralisée eût offert alors une proie facile à la moindre poursuite de l'ennemi.

Il est assez difficile de dire de quel côté se trouve la vérité. Les soldats d'habitude s'excusent de cette sorte, et on les entend, à peu près dans toutes les circonstances où ils ont reculé, soutenir qu'ils allaient enlever la position lorsqu'on a sonné le rappel.

Il faut avoir vu passer cette armée ou plutôt ce troupeau d'hommes se dirigeant sur Belfort; il faut avoir vu cette marche en avant qui ressemblait déjà à une débâcle pour comprendre comment, sans qu'on ait été vaincu, le général en chef a pu ordonner la retraite. Quoi qu'il en soit, il est juste de reconnaître aussi que, durant toute cette guerre, les officiers, surtout les généraux, ont fait preuve d'une mollesse et d'une indifférence pour le résultat final, qui, dans certains cas, a côtoyé les limites de la trahison. Il leur fallait le concours de tant de circonstances favorables pour se résoudre à agir, qu'ils n'arrivaient jamais à l'action. Ils se croyaient partout environnés de dangers, sur le point d'être cernés, tournés, surpris, et ils se hâtaient de se replier en bon ordre. Craignant pardessus tout d'engager leur responsabilité, ils tenaient cette timidité pour prudence. Dans le plan le mieux combiné ils s'exagéraient les côtés faibles qu'on y rencontre toujours, pour colorer leur irrésolution et pour éviter l'exécution.

Cependant nos généraux auraient dû savoir qu'à la guerre, la plupart du temps l'audace est prudence, que plus une attaque est brusque, impétueuse, moins on perd de monde. Un mois d'inaction ou de fausses manœuvres, surtout au milieu des circonstances particulièrement pénibles où se trouvait l'armée de l'Est, fait plus perdre d'hommes que la plus sanglante bataille. Les chefs avaient démoralisé leurs troupes à force de circonspection. Ils perdaient leur temps en conseils de guerre toujours inutiles et laissaient échapper toutes les occasions. Or il n'est pas un militaire qui ne sache que jamais une résolution vigoureuse n'est sortie d'un conseil de guerre.

Les difficultés matérielles de la nourriture, du logement, du vêtement, de la solde paraissaient insurmontables à nos généraux. Alexandre pourtant entreprit la conquête de l'Asie n'ayant pas un million dans ses caisses ni plus d'un mois de vivres pour son armée. Et sans aller chercher des exemples aussi loin, les soldats de la première République, pieds nus, sans tentes, affamés, couverts de haillons, se battaient pendant l'hiver le plus rigoureux et ne se repliaient pas. Il est vrai que les chefs n'avaient ni chevaux, ni ordonnances, ni bagages encombrants, et qu'ils marchaient à pied à côté du soldat, le sac au dos, ce que n'a pas fait souvent l'aristocratique officier de Saint-Cyr. On s'est beaucoup plaint du manque de discipline, nous croyons que si les chefs, nous parlons toujours des officiers supérieurs, avaient partagé toutes les fatigues et tous les dangers de leurs hommes, ils eussent été respectés et obéis.

Il ne faut pas croire que la misère affaiblisse le courage du soldat ; au contraire, plus il est malheureux, mieux il se bat, parce qu'il a moins peur de mourir. L'armée d'Italie sous le premier Bonaparte était réduite au plus affreux dénûment, ce qui ne l'a pas empêchée de vaincre. Voici un des ordres du jour de son général en chef : « Dénués de tout, vous avez suppléé à tout, vous avez gagné des batailles sans canons, passé des rivières sans ponts, fait des marches forcées sans souliers, bivouaqué sans eau-de-vie et souvent sans pain. »

Ajoutons enfin que la plupart des généraux comblés de faveurs sous l'Empire étaient peu soucieux de risquer leur vie pour affermir la République, un régime qui professe pour le militarisme la plus invincible et la plus légitime répulsion.

Nous ne croyons pas que Bourbaki, dont tout le monde s'accorde à vanter le courage et qui en a donné plus d'une preuve dans cette campagne de Belfort, doive être en butte aux mêmes soupçons qu'un grand nombre de ceux qui commandaient sous ses ordres, mais cependant, si nous nous en rapportons à l'opinion à peu près unanime, il est certain que malgré toutes les difficultés, il eût pu faire un plus grand effort. On raconte que les Prussiens s'apprêtaient déjà à fuir, et qu'on en rencontra même des détachements dirigeant en toute hâte du côté de l'Alsace. Ce qu'il y a de certain, c'est que même sur la rive gauche du Doubs, du côté de Croix et de Delle, où nous n'étions pas en nombre, ils avaient quitté précipitamment leurs positions dans la nuit du jour même où Bourbaki donna l'ordre de la retraite. Mulhouse était rempli de troupes, et les artilleurs prussiens, avec leurs canons braqués sur la place, attendaient, d'un moment à l'autre, qu'on annonçât l'arrivée des Français.

Cependant il est assez probable que les Allemands n'auraient pas fui bien loin, car ils savaient depuis longtemps que Manteuffel s'avançait du côté de la vallée de l'Ognon à leur secours, et c'était même là le secret de leur opiniâtre résistance contre des forces supérieures.

Il faut dire encore que nos malheureux soldats n'étaient même pas encouragés à la lutte par les populations qu'ils venaient défendre. En Franche-Comté comme dans le reste de la France, on est forcé de reconnaître que les habitants des villes et des campagnes ont prêté à l'armée un concours à peu près nul. Leur attitude en général, à l'égard des Allemands, a été plutôt résignée qu'ouvertement hostile.

Dans l'Est, il ne pouvait guère en être autrement à la vue d'une armée tout entière qui se retirait sans combattre. Aussi, de tous les côtés, dans les villages, les armes étaient, sauf de rares exceptions, renvoyées en toute hâte au chef-lieu du département ou de l'arrondissement. A Pontarlier, les paysans chargés de rapporter les fusils, les laissaient avec les effets d'équipement au milieu de la cour et du vestibule de la sous-préfecture, tant ils avaient hâte de se débarrasser de ces engins compromettants. Les curés qui ont conservé une grande influence, surtout dans les communes de la montagne, prêchaient, du reste, à peu près partout la soumission à l'ennemi. « Il ne faut pas s'inquiéter « de recevoir les Prussiens, disait l'un d'eux, ils arrivent

« avec tous les égards possibles. Les malheurs qui fon- « dent sur la France sont une juste punition du Ciel et « toute résistance est inutile. » Dans l'arrondissement de Baume, un prêtre osa parler en chaire, non-seulement sur l'inutilité de la défense, mais sur la nécessité de ne pas résister. Un Prussien ayant été tué par un franc-tireur dans la vallée du Doubs, ce même ecclésiastique traita de crime, d'assassinat la mort de cet ennemi. Nous connaissons ces faits d'après le rapport des autorités qui en référèrent au cardinal pour obtenir au moins le changement de ce scandaleux curé. Il avait empêché en outre que les approvisionnements de sa paroisse et des environs fussent dirigés sur Besançon, menacé d'un siége, prétendant qu'il fallait laisser quelque chose pour les Prussiens. A la suite d'une correspondance suivie entre l'administrateur civil et le cardinal-archevêque Mathieu, ce prêtre patriote fut néanmoins maintenu ; nous croyons bien qu'il occupe encore sa cure.

Non-seulement, pendant toute la durée de cette campagne, on ne vit pas un seul curé, comme jadis en Espagne, se servir de son influence pour fanatiser les populations et exciter leur ardeur, mais tout au contraire, d'ordinaire ils exhortaient comme nous venons de le voir leurs ouailles du haut de la chaire à bien accueillir les Prussiens et à renvoyer au plus vite les francs-tireurs, dont la présence pouvait attirer l'ennemi dans le village. Nous avons déjà dit comment ils traitaient Garibaldi et le dévouement héroïque qu'il avait mis avec tant de magnanimité au service de la République Française. Nous pourrions citer des faits nombreux de cette absence de patriotisme.

Du reste, les populations qu'ils prêchaient de la sorte ne demandaient en général pas mieux que de suivre leurs conseils.

Le bien-être dont elles jouissaient depuis quelques années les avait amollies et disposées à la conquête. Les paysans qu'on levait malgré eux n'avaient à la bouche d'autres plaintes que celles-ci : « Et mes bœufs, et mes vaches, et ma culture ! » Dans les montagnes de l'arrondissement de Pontarlier, il n'est pas rare de rencontrer des cultivateurs qui ont jusqu'à cent et deux cent mille francs de terres; l'année avait été mauvaise ; la sécheresse, disait-on, n'avait pas laissé de fourrage. Et cependant des milliers de chevaux ont pu vivre dans les villages des plateaux. Les Prussiens ne cessaient de s'extasier sur la richesse de nos paysans. « Quel pays! s'écriaient-ils, quelle aisance, quel luxe! Il y a un miroir chez les plus pauvres laboureurs, souvent des rideaux aux fenêtres et dans le lit un sommier élastique! » Pour nos ennemis, c'est dans cette habitude de bien vivre qu'est en grande partie le motif du peu de résistance que nos populations leur ont opposé.

Sous ce rapport, la riche bourgeoisie des villes n'avait rien à envier aux campagnes. Ainsi que nous l'avons déjà raconté le 31 janvier, lorsque les Prussiens serraient de si près la ville de Pontarlier, qu'un engagement était possible d'un moment à l'autre, un certain nombre de *notables* se rendirent auprès du général Clinchant pour le supplier de quitter la ville pour laquelle la présence des soldats était un danger. Les habitants croyaient, en effet, à un bombardement prochain, et un grand nombre étaient déjà descendus dans leurs caves. Quelques jours après, quand le commandant des forts de Joux et du Larmont, voulant faire évacuer la ville par l'ennemi, lui signifia qu'il allait la brûler, si le lendemain il n'était pas parti, les mêmes notables se montrèrent au plus haut point exaspérés de cette menace et essayèrent de fléchir la volonté du commandant.

A Salins, les mêmes faits se produisirent ; certains notables et administrateurs de la ville allèrent en députation aux forts pour les supplier de se rendre, afin de ne pas exposer la cité à être le théâtre d'une lutte désastreuse pour leurs précieux immeubles.

Nous n'insisterons pas davantage sur ces faiblesses, nous avons voulu seulement, en les signalant, montrer que c'est là qu'en arrive forcément un peuple déshabitué de la liberté, lorsqu'au lieu de considérer le service militaire comme le premier devoir du citoyen, il a pris l'habitude de confier ses plus chers intérêts à une armée de mercenaires, comme sont en général les armées permanentes, qui deviennent forcément, entre les mains du pouvoir, un instrument d'oppression avant d'être un instrument de défense.

FIN.

APPENDICE

N° 1.

INSTRUCTION POUR LES FRANCS-TIREURS ET LES CORPS DE VOLONTAIRES.

1° Des détachements jetés sur les lignes de communication des ennemis et leurs arrière-gardes, pour les harceler autant que possible, surprendre leurs convois, leurs éclaireurs, leurs courriers, et les empêcher de s'étendre indéfiniment dans le pays, pourront rendre de grands services à la cause de la République.

2° Les détachements de francs-tireurs, bandes ou guérillas doivent être nombreux autant que possible mais composés de peu d'hommes ; cent hommes par exemple, avec trois officiers et des sous-officiers en proportion, pourront former une bonne guérilla.

Cent hommes peuvent vivre aisément partout, ils peuvent partout s'embusquer facilement et jeter l'alarme pendant la nuit dans un corps d'armée et le fatiguer.

Dix guérillas de cent hommes quand il le faut, sous les ordres d'un officier supérieur ou du plus ancien des capitaines, en se réunissant, peuvent tenter des opérations importantes, et finalement servir, à côté d'autres éléments, de noyau à l'armée nationale.

3° Un détachement quelconque, lorsqu'il manœuvre près de l'ennemi, doit de préférence opérer ses mouvements pendant la nuit, et dormir le jour, dans une position cachée et facile à couvrir, établir ses sentinelles sur un clocher, par exemple, ou près d'une éminence quelconque, d'où l'on puisse bien découvrir la campagne.

Une position ainsi choisie pourra permettre à la guérilla de se reposer tranquillement, même avec une seule sentinelle.

Si, néanmoins, on était obligé de se mouvoir de jour, on doit chercher tous les moyens de se dérober et d'éviter la lutte, à moins qu'on n'ait la certitude du succès. Le désir de combattre ne doit, dans aucun cas, faire transgresser cette règle.

A tous les corps, et particulièrement aux guérillas, une surprise est toujours fatale, mais elle deviendrait une honte pour les guérillas qui sont destinées, au contraire, à surprendre l'ennemi.

4° Les miliciens appartenant aux guérillas et à l'armée nationale doivent, à tout prix, se faire estimer et aimer de tout le monde dans le pays qu'ils occupent, car il leur sera facile dès lors d'avoir partout des vivres et de bons guides, ce qui est absolument essentiel.

Aimées dans le pays qui leur fournira les renseignements nécessaires, les guérillas seront informées de la position de l'ennemi et pourront facilement l'atteindre. Une marche de nuit, dans des circonstances favorables pour surprendre l'ennemi un peu avant le jour, réussit presque toujours.

Lorsqu'on a été obligé d'accepter un engagement dans des circonstances défavorables, et qu'une retraite devient nécessaire, il faut, autant que possible, soutenir le combat jusqu'à la nuit, car la retraite de jour, devant un ennemi supérieur et fourni de cavalerie, peut devenir fatale.

La retraite de nuit, au contraire, se fera toujours avec facilité.

Les guérillas, au début de leurs opérations, doivent tâcher de s'assurer le succès, sans avoir honte de combattre deux contre un : on donnera ainsi aux miliciens une force morale qui rendra les opérations suivantes plus faciles et plus brillantes.

5° Avec un nombre considérable de guérillas, grandes et petites, on obligera l'armée envahissante à se tenir groupée, et elle sera dans l'impossibilité d'expédier au loin de petits détachements ; ce qui la tracassera beaucoup et rendra ses ravitaillements très-difficiles.

Dans un pays occupé par l'étranger, il faut que chaque buisson, chaque arbre, cache une arme pour fusiller un envahisseur, et que, par conséquent, nul ne puisse s'écarter des colonnes en marche ou en cantonnement.

Des guérillas nombreuses rendront très-difficiles, sinon impossibles, les réquisitions qu'un simple caporal ennemi se permet de faire partout où il met le pied, et sauvegarderont ainsi maintes propriétés, qui, sans elles, deviendraient la proie de l'envahisseur.

Dans les combats, les guérillas doivent surtout se déployer en tirailleurs, à cause du perfectionnement des nouvelles armes portatives.

En cas de ralliement, la masse, ou carré plein, doit être préférée au carré vide, surtout quand on a beaucoup de monde, et particulièrement contre des charges de cavalerie. Ce serait autrement si l'ennemi était soutenu par de l'artillerie.

Les carrés, dans presque tous les terrains que je connais, se déplacent et se meuvent avec difficulté et ils présentent un front trop faible et trop étendu contre une charge de cavalerie.

6° Cent hommes, mille hommes, serrés en masse, sont d'une solidité inébranlable contre la cavalerie à laquelle ils présenteront de tous côtés une surface relativement minime.

Des groupes ainsi formés peuvent d'ailleurs se mouvoir facilement en avant, à droite ou à gauche et par de simples contremarches.

Un carré mal disposé par suite des accidents du terrain ou entamé par l'ennemi se trouve dans des conditions déplorables. Une masse, au contraire, perdant l'alignement de ses côtés, forme toujours un groupe imposant, et si, même par le simple instinct de conservation, les hommes qui la composent continuent à se serrer, elle pourra toujours se défendre efficacement contre la cavalerie, ou charger bravement.

7° Je rappelle ici aux miliciens qu'ils ne doivent jamais craindre la cavalerie, et qu'ils doivent se pénétrer de cette vérité : que la peur chez le fantassin rend seule la cavalerie dangereuse.

Soient par exemple cent hommes serrés en masse et, par conséquent, dix hommes sur chaque côté, chaque homme occupant une surface de 50 centimètres carrés, la masse présentera des côtés de 6 mètres de développement ; — il est impossible qu'une de ces faces puisse recevoir le choc de plus de 5 cavaliers à chaque charge ; nous aurons donc dans les cas les plus défavorables 5 cavaliers chargeant effectivement cent hommes armés de fusils et de baïonnettes. Je ne crois pas que la lance ou le sabre d'un seul cavalier arrive jamais à frapper un fantassin, si le sang-froid et l'énergie animent les hommes qui composent la masse.

8° La colonne serrée en masse a ses inconvénients; exposée au feu de l'artillerie, elle peut perdre beaucoup de monde, aussi exige-t-elle de la part des chefs une grande sagacité pour l'abriter le mieux possible quand elle ne doit pas agir. D'ailleurs, elle peut se développer facilement, soit pour se soustraire à l'action des pièces d'artillerie, soit pour agir en tirailleurs quand la cavalerie ne la menace plus.

« Réunir le plus de monde possible sur le point tactique ou objectif du champ de bataille. » Cette maxime de tous les grands hommes de guerre ne peut pas être transgressée impunément. Les colonnes serrées en masse sont le moyen le plus efficace pour obtenir ce résultat.

Malgré toutes les modifications de tactique nécessitées par le perfectionnement des armes à feu, les masses compactes bien guidées sont encore celles qui ont décidé des grandes batailles modernes; cependant comme nous n'avons pas, quant à présent, ces grandes masses organisées, il nous faut recourir à la guerre de partisans, jusqu'à ce que l'armée nationale puisse assaillir l'envahisseur avec avantage.

9° Ce que je demande aux miliciens, c'est :

A. Une discipline sévère, plus sévère que celle des troupes de ligne, sans laquelle aucune force militaire ne peut exister.

Par discipline, on ne doit pas entendre seulement l'obéissance aux chefs immédiats, mais aussi les relations entre une guérilla et une autre, c'est-à-dire que dans l'aide réciproque et fraternelle qu'elles doivent se prêter, il faut que les plus jeunes obéissent aux plus anciens et aux plus élevés en grade.

Les guérillas doivent aussi se renseigner les unes les autres, sur les dangers et sur les mouvements à combiner pour les éviter afin de concourir ensemble au but commun, qui est de causer les plus grands dommages aux ennemis.

Les chefs de guérillas doivent informer, aussi exactement que possible, les quartiers généraux les plus voisins, des mouvements de l'ennemi, du nombre de ses troupes et de leur nature; pour cela, chaque guérilla doit toujours avoir quelques hommes à cheval pour porter ses renseignements et servir d'éclaireurs.

Il faut que les chefs et les officiers des guérillas et des corps de l'armée nationale aient cette conviction que, sans déroger à la discipline, ils peuvent et ils doivent traiter leurs soldats avec amour et les regarder comme leurs propres enfants.

B. Une constance inébranlable pour endurer les fatigues et les dangers, jusqu'à la complète délivrance de la patrie.

C. Un courage à toute épreuve et une conduite irréprochable, pour acquérir l'estime et l'amour de ses concitoyens. Le respect de la propriété, même au milieu des plus grandes privations, est la première vertu du milicien.

D. Le mépris absolu de la cavalerie ennemie; c'est une honte et une trahison d'en avoir peur; c'est une honte encore plus grande de succomber à la panique et d'augmenter ainsi l'audace de nos ennemis.

Je termine en rappelant que la défense de Montevideo, contre dix-huit mille hommes de troupes aguerries, a duré neuf ans; cette ville n'avait alors que trente mille habitants, parmi lesquels il y avait des commerçants anglais, français ou italiens, qui tous prirent part à la défense et eurent le bonheur de voir enfin le triomphe de leur patrie adoptive.

Mais Montevideo vendit ses palais, ses temples, ses droits de douane présents et à venir, déterra les vieux canons qui servaient de bornes dans les rues, forgea des lances pour suppléer aux fusils absents, tandis que les femmes donnaient à la patrie leur dernier bijou.

Un village de France a plus de ressources que n'en avait alors Montevideo; pouvons-nous donc douter du succès de la défense nationale?

GARIBALDI.

N° 2.

A entendre la vivacité de certaines plaintes contre ces malheureux soldats, on eût dit que le fait était sans précédent dans nos annales. Voici un ordre du jour de Napoléon Ier, daté de Nogent le 8 février 1814, et qui montre combien toutes les guerres et tous les soldats se ressemblent :

« L'Empereur témoigne son mécontentement à l'armée sur
« les excès auxquels elle se livre. Les excès, qui sont blâma-
« bles en toutes circonstances, deviennent le plus grand
« crime lorsqu'ils sont commis sur notre propre territoire.
« Les chefs de corps et les généraux sont prévenus qu'ils
« sont responsables de ces excès. Les habitants fuient par-
« tout et l'armée, qui doit défendre le pays, en devient le
« fléau. — Les trains d'artillerie et les équipages sont dési-
« gnés comme se portant aux plus grands excès. Les chefs
« de ces corps doivent spécialement prendre des mesures
« pour les faire cesser. »

N° 3.

« Monsieur le commandant,

« Les habitants *notables* de la ville de Salins dont les noms suivent, vous exposent qu'ils déplorent la continuation des hostilités contre l'armée prussienne dans l'intérieur de la ville, cette continuation pouvant entraîner la ruine de ladite ville. En conséquence, ils viennent vous demander de cesser des hostilités qui *paraissent inutiles* et qui peuvent compromettre la vie et la fortune des habitants, d'après les menaces de bombardement qui leur ont été faites.

« La position faite à la ville par sa capitulation d'hier ne lui permet plus de prendre aucune part à tout ce qui peut avoir trait à la résistance.

« Veuillez nous faire connaître vos intentions en nous accusant réception de la présente et *nous la retourner.*

« Dans l'attente d'une réponse que nous vous prions de nous faire immédiatement, veuillez agréer, monsieur le commandant, l'assurance de notre considération distinguée. »

(Suivent neuf pages de signatures.)

Voici la réponse du capitaine Brichard, commandant du fort Belin :

« Fort Belin, 28 janvier.

« Citoyens municipaux,

« Le chef d'escadron d'artillerie, commandant la place, me communique une adresse déplorant la continuation des hostilités, laquelle adresse a été signée avec un *ensemble édifiant* par les notables de la ville de Salins.

« Je vous répète ce que je vous ai déjà dit au moment où la sommation de capituler m'a été faite. Quand même les lois militaires ne m'imposeraient pas d'autre devoir qu'à vous, mon patriotisme et les intérêts de la défense nationale m'indiquent d'une manière fixe et certaine quelle règle de conduite je dois tenir.

« Je suis parfaitement résolu à mitrailler toute colonne allemande qui se présentera tant aux approches de la ville que dans les endroits découverts comme la place Aubarède et l'intervalle qui existe entre les deux faubourgs.

« Déjà, dans la journée du 26, au moment où la municipalité arborait le hideux emblème de la capitulation, j'ai dû faire violence à mes sentiments en m'abstenant de mitrailler la brigade prussienne qui, rangée sur la place de l'Hôtel de-Ville, faisait retentir l'air de ses hourras et dont la musique jouait le chant allemand, *la Sentinelle sur le Rhin.*

« Je crois d'ailleurs que vous vous faites une fausse idée des lois militaires et des règles du droit des gens, en ce qui concerne Salins, ville ouverte, et les deux forts qui sont postes indépendants.

« Je connais ces lois, et le général prussien a prouvé qu'il les connaissait en s'abstenant de tout dégât et de toute violence inutile et odieuse.

« L'ennemi a évacué la ville hier matin ; en conservant le drapeau blanc sur l'Hôtel de Ville, vous avez l'air de continuer à fonctionner sous l'autorité prussienne. Je vous invite à arborer immédiatement le drapeau de la République française.

« Salut et fraternité.

« *Le capitaine d'artillerie commandant le fort,*

« BRICHARD. »

N° 4.

Pour donner au lecteur une idée complète de la conduite du Gouvernement de Bordeaux en ces circonstances critiques, nous empruntons au *Journal officiel de la République* du 2 février la proclamation suivante de Gambetta :

RÉPUBLIQUE FRANÇAISE.

LIBERTÉ. — ÉGALITÉ. — FRATERNITÉ.

« Citoyens,

« L'étranger vient d'infliger à la France la plus cruelle injure qu'il lui ait été donné d'essuyer dans cette guerre maudite, châtiment démesuré des erreurs et des faiblesses d'un grand peuple. Paris, inexpugnable à la force, vaincu par la famine, n'a pu tenir en respect plus longtemps les hordes allemandes : le 28 janvier, il a succombé. La cité reste encore intacte comme un dernier hommage arraché par sa puissance et sa grandeur morale à la barbarie ; les forts seuls ont été rendus à l'ennemi.

« Toutefois, Paris, en tombant, nous laisse le prix de ses sacrifices héroïques pendant cinq mois de privations et de souffrances. Il a donné à la France le temps de se reconnaître, de faire appel à ses enfants, de trouver des armes et de former des armées jeunes encore, mais vaillantes et résolues, auxquelles il n'a manqué jusqu'à présent que la solidité qu'on n'acquiert qu'à la longue. Grâce à Paris, si nous sommes des patriotes résolus, nous tenons en main tout ce qu'il faut pour le venger et nous affranchir.

« Mais, comme si la mauvaise fortune tenait à nous accabler, quelque chose de plus sinistre et de plus douloureux que la chute de Paris nous attendait. On a signé à notre insu, sans nous avertir, sans nous consulter, un armistice dont nous n'avons connu que tardivement la coupable légèreté, qui livre aux troupes prussiennes des départements occupés par nos soldats et qui nous impose l'obligation de rester trois semaines au repos, pour réunir, dans les tristes circonstances où se trouve le pays, une Assemblée nationale. Nous avons demandé des explications à Paris et gardé le silence, attendant, pour vous parler, l'arrivée promise d'un membre du gouvernement auquel nous étions déterminés à remettre nos pouvoirs.

« Délégation du gouvernement, nous avons voulu obéir pour donner un gage de modération et de bonne foi, pour remplir ce devoir qui commande de ne quitter le poste qu'après en avoir été relevé; enfin, pour prouver à tous, amis et dissidents, par l'exemple, que la démocratie n'est pas seulement le plus grand des partis, mais le plus scrupuleux des gouvernements.

« Cependant personne ne vient de Paris, et il faut agir; il faut, coûte que coûte, déjouer les perfides combinaisons des ennemis de la France.

« La Prusse compte sur l'armistice pour amollir, énerver, dissoudre nos armées. La Prusse espère qu'une Assemblée réunie à la suite de revers successifs et sous l'effroyable chute de Paris, sera nécessairement tremblante et prompte à subir une paix honteuse.

« Il dépend de nous que ces calculs avortent, et que les instruments mêmes qui ont été préparés pour tuer l'esprit de résistance le raniment et l'exaltent. De l'armistice faisons une école d'instruction pour nos jeunes troupes ; employons ces trois semaines à préparer, à pousser avec plus d'ardeur que jamais l'organisation de la défense et de la guerre. A la place de la chambre réactionnaire et lâche que rêve l'étranger, installons une Assemblée vraiment nationale, républicaine, voulant la paix, si la paix assure l'honneur, le rang et l'intégrité de notre pays, mais capable de vouloir aussi la guerre et prête à tout plutôt que d'aider à l'assassinat de la France.

« Français,

« Songeons à nos pères qui nous ont légué une France compacte et indivisible ; ne trahissons pas notre histoire ; n'aliénons pas notre domaine traditionnel aux mains des barbares.

« Qui donc signerait?

« Ce n'est pas vous, légitimistes, qui vous battez si vaillamment sous le drapeau de la République pour défendre le sol du vieux royaume de France ; ni vous, fils des bourgeois de 1789, dont l'œuvre maîtresse a été de sceller les vieilles provinces dans un pacte d'indissoluble union.

« Ce n'est pas vous, travailleurs des villes, dont l'intelligent et généreux patriotisme s'est toujours représenté la France dans sa force et dans son unité comme l'initiatrice des peuples aux libertés modernes; ni vous, enfin, ouvriers propriétaires des campagnes, qui n'avez jamais marchandé votre sang pour la défense de la révolution à laquelle vous devez la propriété du sol et votre dignité de citoyen.

« Non, il ne se trouvera pas un Français pour signer ce pacte infâme. L'étranger sera déçu. Il faudra qu'il renonce à mutiler la France. Car tous, animés du même amour pour la mère patrie, impassibles aux revers, nous redeviendrons forts, et nous chasserons l'étranger.

« Pour atteindre ce but sacré, il faut y dévouer nos cœurs, nos volontés, notre vie, et, sacrifice plus difficile peut-être, laisser là nos préférences. Il faut nous serrer tous autour de la République, faire preuve surtout de sang-froid et de fermeté d'âme. N'ayons ni passions, ni faiblesses. Jurons simplement, comme des hommes libres, de défendre envers et contre tous la France et la République.

« Aux armes! Aux armes!

« Vive la France! Vive la République une et indivisible.

« LÉON GAMBETTA.

« Bordeaux, 31 janvier 1871. »

N° 5.

Voici deux autres textes d'impositions du même genre :

» Montbéliard, 8 février 1871.

« *Au canton de Montbéliard.*

« Je fais connaître par la présente à la mairie de Montbéliard que le canton paiera la somme de 469,250 fr., dont 323,950 francs pour la ville et 145,300 francs pour la campagne.

« Je rends la commune de Montbéliard, ainsi que les habitants aisés du canton, responsables du paiement de la somme entière qui sera effectué sans délai le 12 février courant.

« Ce sera plus tard l'affaire du canton de répartir cette somme, quand les souffrances de la guerre se seront adoucies pour la population pauvre des campagnes.

« Si la somme ci-dessus n'est pas complétement payée, je la percevrai sur la propriété privée et sur le matériel des fabriques, et en prenant des otages parmi les riches propriétaires.

« Je vous autorise à publier ce document, et vous invite à vous occuper immédiatement de la levée de cette contribution.

« *Le colonel royal,*

« *Signé :* DE BREDOW. »

« Quingey, le 10 février 1871.

« Sa Majesté l'empereur d'Allemagne et roi de Prusse a décrété, au commencement de cette année, une contribution de 25 francs par tête pour tout le terrain occupé par les troupes allemandes.

« La commune de Quingey payera cette somme d'ici en deux jours. Ainsi, vous aurez la bonté, monsieur le maire, de délivrer la somme totale à l'autorité militaire. C'est dans l'intérêt de la commune d'obéir à cet ordre, car Quingey pourrait subir toutes les conséquences résultant d'une résistance.

« *Le chef des troupes allemandes occupant Quingey,*

« *Signé :* BUTY, major. »

N° 6.

On lit dans le *Peuple* de Marseille du 24 janvier 1871 :

LES VENGEURS.

Il a été publié à l'adresse de M. Rolland, général commandant la 7e division militaire à Besançon, une protestation énergique, mais trop longue pour que nous puissions l'insérer *in extenso*, de deux officiers du corps des Vengeurs contre les insultes, les vexations et les traitements inquisitoriaux que ce général leur a fait subir ainsi qu'à leurs soldats à leur retour à Besançon. Nous nous contenterons d'en faire un résumé succinct :

Après leur retraite d'Abbevillers, après la fuite de leur commandant, le voleur Malicki, après la défection d'un certain nombre de leurs autres chefs, les 450 hommes qui restaient du corps des Vengeurs se rendirent à Besançon, où ils se mirent à la disposition du général Rolland, qui les accueillit par les épithètes de lâches, fuyards et traîtres.

Un sous-officier se permit de réclamer contre ces titres infâmants.

« Qui d'entre vous a la tête de trop sur les épaules ? » dit le général ; et, joignant le geste à la parole, il dégaîna et poussa l'insolence jusqu'à frôler de son épée quelques soldats qui se trouvaient près de lui.

Aux injures les plus outrageantes, il ajouta de son autorité privée les traitements les plus inhumains : par un froid de 12 degrés il consigna trois jours le corps entier dans des baraquements où les lits étaient des planches, il leur fit impitoyablement refuser la paille et les visitait de temps en temps pour les injurier de nouveau.

Trouvant, au bout de quelques jours, ce campement trop luxueux pour des traîtres, le général les fit transférer dans les écuries du haras, où leur lit fut la terre humide et les pavés.

Le feu et la paille leur furent là, comme ailleurs, obstinément refusés. Il y eut mieux : une nuit ils durent céder l'écurie à un convoi de bestiaux et la plus grande partie des Vengeurs coucha en plein air par une température mortelle.

Le frère de M. Dussaud, l'un des signataires de la protestation, réclamant auprès du général des nouvelles de son frère, il lui fut répondu :

« M. Dussaud va bien; personne n'a été tué ni blessé « dans le corps des Vengeurs : tous ont pris la fuite au pre- « mier coup de feu. »

Et la même dépêche était adressée au préfet de Marseille. D'un seul coup, M. Rolland déshonorait ces malheureux aux yeux de leurs familles et aux yeux de leur pays.

Après cet exposé de faits, les auteurs de la protestation ayant à cœur de se laver publiquement des odieuses accusations que cette dépêche a fait peser sur eux, font du combat d'Abbevillers un tableau saisissant que nous sommes à regret contraints de résumer.

A la veille de fuir, l'infâme Malicki remit le commandement du corps au capitaine d'Arcy, sous la conduite duquel eut lieu le combat d'Abbevillers. Ce village, occupé par les Vengeurs, fut attaqué par une forte colonne ennemie.

Après quelques heures de combat, les Vengeurs étaient maîtres du terrain et l'ennemi dessinait son mouvement de retraite, lorsque le capitaine d'Arcy fit précipitamment sonner la retraite, croyant à tort que Glay, leur unique salut, était aux mains des Prussiens.

Une forte partie du corps se replia sur la Suisse; les 450 hommes restés sur le territoire français marchèrent sur Glay où n'était pas l'ombre d'un Prussien, et gagnèrent Besançon.

Nous affirmons, ajoutent les auteurs de la protestation, que nous avions la victoire en main lorsque la retraite fut ordonnée par M. d'Arcy.

Cet officier a-t-il trahi? ou était-il mal renseigné? ils l'ignorent; mais ce qui leur paraît hors de doute, c'est que les soldats et les officiers qui assistaient au combat se sont conduits en braves soldats et peuvent rejeter hardiment à la face de M. Rolland toutes les injures dont il a prétendu les flétrir.

Et signent au nom des *Vengeurs* :

L. Dussaud, ex-capitaine du génie au corps des Vengeurs.

J. Rabattu, ex-lieutenant du génie au même corps.

N° 7.

En quittant Belfort, le colonel Denfert adressa à ses troupes et aux habitants de la ville la proclamation suivante :

« Citoyens et soldats,

« Le Gouvernement de la défense nationale m'a donné, en vue des circonstances, l'ordre de rendre la place de Belfort. J'ai dû, en conséquence, traiter de cette reddition avec M. le général de Treskow, commandant en chef de l'armée assiégeante.

« Si les malheurs du pays n'ont pas permis que la résistance vigoureuse offerte par la garnison, la garde nationale et la généralité de la population reçût la récompense qu'elle méritait, nous avons pu, au moins, avoir la satisfaction de conserver à la France une garnison qui va rallier avec armes et bagages et libre de tout engagement le poste français le plus voisin.

« Connaissant l'esprit qui anime les habitants de la ville, au milieu desquels je demeure depuis plusieurs années, je connais mieux que personne l'amertume de la situation qui leur est faite. Cette situation est d'autant plus pénible qu'on prétend nous faire craindre qu'au mépris des principes modernes, le traité de paix que nous allons subir ne consacre une fois de plus le droit de la force et n'impose à l'Alsace tout entière la domination étrangère.

« Mais je reste convaincu que la population de Belfort conservera toujours les sentiments français et républicains qu'elle vient de manifester avec tant d'énergie. En consultant, du reste, l'histoire même du siècle présent, elle y puisera la légitime confiance que la force ne saurait longtemps prévaloir contre le droit.

« Vive la France ! Vive la République !

« Belfort, le 16 février 1871.

« *Le colonel commandant,*

« DENFERT-ROCHEREAU. »

N° 8.

On a assez reproché aux Allemands leurs procédés brutaux pour qu'il ne soit peut-être pas inutile de rapporter le fait suivant qui est à leur honneur. Nous avons vu dans le cours de notre récit qu'un détachement de nos troupes surpris par l'ennemi à Chaffois, ne s'était pas défendu croyant à l'armistice. Le général Clinchant avait fait redemander aux Prussiens les armes de ces soldats. Voici la correspondance qui fut échangée entre lui et Manteuffel à ce sujet.

« Pontarlier, le 2 février 1871.

« L'état-major fédéral de la frontière de l'Ouest est respectueusement sollicité de faire parvenir la lettre ci-jointe au commandant en chef de l'armée française, qui jusqu'à présent a opéré à l'est de la France. Il s'agit de restituer, d'après mon consentement, 1,000 fusils à pareil nombre de Français qui, croyant faussement à l'existence d'un armistice, ont cessé de se défendre au combat de Chaffois du 29 janvier, et se sont ensuite laissé désarmer. Le commandant des troupes restées à Pontarlier est prévenu d'avoir à diriger les armes en question vers le point de la frontière suisse qui conviendra au général Clinchant ; nous prions, en conséquence, l'état-major fédéral de faire parvenir à Pontarlier les instructions relatives à cette affaire.

« MANTEUFFEL. »

« Pontarlier, le 2 février 1871.

« Monsieur le général, j'ai appris que 1,000 hommes des troupes françaises, pris au combat de Chaffois du 29 janvier, étaient remis en liberté, parce qu'ils avaient cessé de se défendre, supposant à tort que l'armistice était valable pour les armées qui opèrent à l'est de la France. Les prisonniers furent privés de leurs armes, d'après l'assurance qu'elles leur seraient rendues, au cas où l'armistice existerait réellement pour cette région.—Comme les derniers mots de l'article 1er dela convention de Versailles du 28 janvier portent expressément le contraire, j'aurais le droit de conserver ces armes. Mais il répugne à mes sentiments militaires d'en priver ces braves soldats, qui, sur une supposition erronée, ont quitté le combat; aussi est-ce pour moi une satisfaction particulière que de les leur rendre, comme signe de l'estime que m'a inspirée l'héroïque résistance de l'armée française. J'avais l'intention de livrer ces 1,000 fusils au commandant du fort de la Cluse; mais comme il a fait tirer aujourd'hui même sur mes ambulances et sur mon parlementaire, je prends le parti de m'adresser à l'état-major des troupes fédérales et de remettre aux mains de Votre Excellence les armes qui sont maintenant encore déposées à Pontarlier.

« Agréez l'assurance de ma considération distinguée.

« MANTEUFFEL. »

« Fleurier, le 3 février 1871.

« En réponse à l'offre que vous me faites de remettre au gouvernement français, par l'intermédiaire du gouvernement fédéral suisse, les 1,000 fusils qu'une méprise a fait tomber entre vos mains à Chaffois, j'ai l'honneur de faire connaître à Votre Excellence que j'accepte cette marque de courtoisie de sa part, et que je suis heureux de saisir cette occasion de montrer à mes soldats et à mon gouvernement la loyauté parfaite de vos intentions.

« Veuillez agréer, Monsieur le général en chef, l'assurance de ma haute considération.

« CLINCHANT. »

« Verrières, le 3 février 1871.

« Conformément à la lettre de Votre Excellence, qui m'a été remise par M. le capitaine de cavalerie Jordan, j'ai expédié le message qui y était joint au général Clinchant, et je me ferai un plaisir de vous envoyer la réponse par le même capitaine Jordan. Puisque nous avons encore à nous occuper de ces 1,000 Français, que nous vous aurions volontiers laissés comme prisonniers de guerre, et de leurs fusils, je me permets de vous demander que ces armes soient remises à la frontière suisse, aux Verrières, ou bien, dans le cas où le fort de Joux ne serait pas encore pris, qu'elles soient portées par Morteau jusqu'au col des Roches, près du Locle.

« Que Votre Excellence agrée....

« Général Hans HERZOG. »

FIN DE L'APPENDICE.

TABLE DES MATIÈRES

PREMIÈRE PARTIE — CAMBRIELS.

DEUXIÈME PARTIE. — GARIBALDI.

TROISIÈME PARTIE. — BOURBAKI.

FIN DE LA TABLE DES MATIÈRES.

Imprimerie Eugène HEUTTE et Cie, à Saint-Germain.

Imp. Eugène HEUTTE et Cie, à Saint-Germain.

BIBLIOTHEQUE NATIONALE DE FRANCE
3 7531 01227333 1

www.ingramcontent.com/pod-product-compliance
Ingram Content Group UK Ltd.
Pitfield, Milton Keynes, MK11 3LW, UK
UKHW020204250726
13967UKWH00003B/1252

9 782012 962927